BEI GRIN MACHT SICH IHR WISSEN BEZAHLT

Bibliografische Information der Deutschen Nationalbibliothek:

Die Deutsche Bibliothek verzeichnet diese Publikation in der Deutschen National-bibliografie; detaillierte bibliografische Daten sind im Internet über http://dnb.d-nb.de/ abrufbar.

Impressum:

Copyright © 2010 GRIN Verlag, Open Publishing GmbH
Druck und Bindung: Books on Demand GmbH, Norderstedt Germany
ISBN: 9783640946273

Dieses Buch bei GRIN:

http://www.grin.com/de/e-book/173973/milchprodukte-fuer-kinder-werbeverspre-chen-von-zott-monte-drink-und

Kristin Wolf

Milchprodukte für Kinder. Werbeversprechen von "Zott Monte Drink" und "Milch-Schnitte"

Diskussion und Reaktion

GRIN Verlag

GRIN - Your knowledge has value

Der GRIN Verlag publiziert seit 1998 wissenschaftliche Arbeiten von Studenten, Hochschullehrern und anderen Akademikern als eBook und gedrucktes Buch. Die Verlagswebsite www.grin.com ist die ideale Plattform zur Veröffentlichung von Hausarbeiten, Abschlussarbeiten, wissenschaftlichen Aufsätzen, Dissertationen und Fachbüchern.

Besuchen Sie uns im Internet:

http://www.grin.com/

http://www.facebook.com/grincom

http://www.twitter.com/grin_com

Angewandte Medienwirtschaft

Wolf, Kristin
Milchprodukte für Kinder – Diskussion und Reaktion auf Fernsehwerbeversprechen an den Verbraucher anhand der ausgewählten Lebensmittel „Zott Monte Drink" und „Milch-Schnitte"

– eingereicht als Bachelorarbeit –
Hochschule Mittweida – University of Applied Sciences (FH)

vorgelegte Arbeit wurde eingereicht am: 11.08.2010

Pirna – 2010

Bibliographische Beschreibung und Referat

Wolf, Kristin:

Milchprodukte für Kinder - Diskussion und Reaktion auf Fernsehwerbeversprechen an den Verbraucher anhand der ausgewählten Lebensmittel „Zott Monte Drink" und „Milch-Schnitte".
2010 – 90 Seiten
Mittweida, Hochschule Mittweida (FH), Fachbereich Medien, Bachelorarbeit

Referat

Die Bachelorarbeit beschäftigt sich mit Fernsehwerbeversprechen von Milchprodukten für Kinder am Beispiel des Zott Monte Drink sowie der Milch-Schnitte.

Ziel der Arbeit ist es, die Werbeversprechen der Produkte zu analysieren und zu zeigen wie Verbraucher getäuscht werden.

Für Kinder ist das wichtigste Medium der Fernseher. Damit unterliegen sie schnell der bunten Werbewelt. Im Laufe der Arbeit wird auf die Entstehung der Werbung, mit Hinblick auf die Entwicklung der Fernsehwerbung, Bezug genommen. Mit besonderem Augenmerk wird dabei die Rolle der Kindersender bezüglich der Werbung untersucht.

Außerdem wird anhand der Kampagne zur dreistesten Werbelüge 2010 die Reaktion der Verbraucher auf das Produkt Monte Drink beleuchtet, sowie die Reaktion und das Image des Herstellers untersucht. Am Ende werden beide Produkte anderen Milchprodukten gegenübergestellt. Es wird bewiesen, dass der Monte Drink sowie die Milch-Schnitte nicht die einzigen Milchprodukte sind, die den Konsumenten durch Werbung Irre führen.

Inhaltsverzeichnis

I. Abbildungsverzeichnis

II. Abkürzungsverzeichnis

ARD	Arbeitsgemeinschaft der öffentlich-rechtlichen Rundfunk-anstalten der Bundesrepublik Deutschland
Arte	Association Relative á la Télévision Européene
BSE	Bovine spongiforme Enzephalopathie
CD	Corporate Design
DGE	Deutsche Gesellschaft für Ernährung
GmbH & Co. KG	Gesellschaft mit beschränkter Haftung & Compagnie Kommanditgesellschaft
HD	High Definition
HR	Hessischer Rundfunk
JIM	Jugend Information (Multi-) Media
KiGGS	Kinder- und Jugendgesundheitsstudie
KI.KA	Kinderkanal
N24	Nachrichten 24
n-tv	Nachrichten Télévision
NWDR	Nordwestdeutscher Rundfunk
PAL	Phase Alternating Line
PR	Public Relation
RB	Radio Bremen
RStV	Rundfunkstaatsvertrag
RTL	Radio Television Luxembourg
SDR	Süddeutscher Rundfunk
SFB	Sender Freies Berlin
SWF	Südwestrundfunk
SR	Saarländischer Rundfunk
WWW	World Wide Web
ZDF	Zweites Deutsches Fernsehen

1. *Einleitung*

Sie ist laut und bunt, ein bisschen Glitzer hier, ein Maskottchen da und zu guter letzt noch lachende Gesichter. Die Zutaten für eine wirtschaftlich-erfolgreiche Kinderwerbung sind relativ einfach – eben ganz abgestimmt auf den Geschmack der Kinder. Bereits die Kleinsten werden so mit den Produkten der Unternehmen immunisiert.

Ein Sprichwort besagt, die Kinder von heute sind die Zukunft von morgen. Doch für die werbetreibende Wirtschaft sind die Jüngsten bereits jetzt Marktteilnehmer.

Dies macht sich vor allem die Lebensmittelindustrie zu nutze. Mit dem Massenmedium Fernsehen kann ein Großteil der Zielgruppe erreicht werden. Unter besonderer Beobachtung der Werbezielgruppe stehen Kinder im Alter von drei- bis 13 Jahren. Hier entsteht sprichwörtlich das Fundament für die spätere Konsumgewohnheit. Unternehmen versuchen mit den Werbespots die Kaufentscheidungen von Kindern und Jugendlichen für ihr Produkt in die richtige Bahn zu lenken – das Produkt soll letztendlich im Einkaufswagen landen.

Im Rundfunkstaatsvertrag (§7a Absatz 1, RStV) ist geregelt, dass Kindersendungen nicht durch Werbung und Teleshopping-Spots jeglicher Art unterbrochen werden dürfen. [1] Doch anders als beispielsweiße in Großbritannien, darf zwischen den einzelnen Kindersendungen für Lebensmittel und Spielsachen geworben werden. Der österreichische Jurist Helmut Thoma bemerkte folgendes: „Fernsehwerbung will in erster Linie animieren: Gefühle und Bedürfnisse wecken, um schließlich das Kauf- und Konsumverhalten des Rezipienten zu beeinflussen."[2]

Durch die Industrialisierung sind die Kinder zu Marktteilnehmern geworden. Eine aktuelle Studie von Konsumforschern der Universität Wien besagt,

> „dass nur die Hälfte der Spontankäufe, die im Supermarkt von Kindern ausgelöst werden, den Eltern auch bewusst sind; rund zehn Artikel legen Mütter und Väter beim wöchentlichen Einkauf spontan in den Einkaufswagen, nur weil ihre Kinder das wollen. Auch andere Untersuchungen belegen die steigende Bedeutung von Kindern als Kaufentscheider"[3]

---

[1] http://www.telemedicus.info/uploads/Dokumente/RStV_13-RAeStV_hervorgehoben_Lesefassung.pdf
[13.062010; 15.17 Uhr]

[2] http://www.gutzitiert.de/zitat_autor_helmut_thoma_thema_fernsehen_zitat_1550.html [20.05.2010; 12.50 Uhr]

[3] http://www.zukunftsinstitut.de/downloads/inhalt_einl_bestell_futurekids.pdf [10.06.2010; 16:04 Uhr]

„Rund zwei Stunden verbringen Kinder und Jugendliche zwischen sechs und 16 Jahren heute im Durchschnitt vor der ‚Flimmerkiste' – damit kommen sie auf rund 900 Werbespots im Monat. [...] Untersuchungen und Studien belegen, dass die meisten Kaufwünsche der Kinder werbegeprägt sind."[4]

Neben den bunten Bildern, die über den Bildschirm flackern steckt natürlich auch eine Botschaft: Milchprodukte gelten in unserer Gesellschaft als gesund und werden für eine ausreichende und ausgewogene Ernährung empfohlen.

Dazu eine Aussage von Professor Dr. Edmund Renner, Professur Milchwirtschaft an der Universität Gießen:

„Kinder und Jugendliche sollten täglich einen, [...], Liter Milch trinken oder in entsprechender Menge Milchprodukte [...] essen. Das entspricht etwa 600 Milligramm Calcium (Mindestbedarf 800mg/Tag)."[5]

So speziell die Werbespots für Kinder, so speziell auch die Lebensmittel für dieses Klientel. Für die Kinder wurden Produkte in den Handel gebracht, die laut Hersteller auf die Bedürfnisse abgestimmt sind.

In der vorliegenden Arbeit werden die Produkte des Herstellers Zott, der sogenannte Monte Drink sowie das Produkt Milchschnitte von Ferrero näher beleuchtet.
Durch die Verbraucheranalyse von Foodwatch ist insbesondere der Zott Monte Drink samt Werbung in den Blickpunkt der Öffentlichkeit geraten.

Auf der Homepage der Deutschen Gesellschaft für Ernährung e.V. (DGE) heißt es dazu:

„[...] Kinderlebensmittel bieten in der Zusammensetzung der Zutaten und Nährstoffe oft keinen Vorteil gegenüber herkömmlichen Produkten. Sie enthalten häufig viel Zucker und Fett und können somit zur Entstehung von Übergewicht beitragen. Aufwendige Verpackungen führen zu einer unnötigen Umweltbelastung. Zusätzlich sind Kinderlebensmittel oftmals teurer als vergleichbare Produkte. [...]"[6]

So stehen viele Kinderprodukte, unter anderem der Zott Monte Drink, als Dickmacher in Verruf. Zumal laut einer britischen Studie „Fernsehwerbung für Lebensmittel Kinder dazu treibt, doppelt so viel Süßigkeiten zu essen wie gewöhnlich."[7]

---

[4] http://www.familienhandbuch.phase4.de/haushaltfinanzen/ verbraucherschutz/kinder-und-jugendliche-als-verbraucher [10.06.2010; 16.41]

[5] Bruker, Max Otto/ Jung, Matthias 2006, 11

[6] http://www.dge.de/modules.php?name=News&file=article&sid=195 [10.06.2010; 15.36 Uhr]

[7] http://www.smile-kids.de/s/?k=gesundheit&s=fernsehwerbung_verleitet_kinder _zu_viel_suessem [20.05.2010; 13.57 Uhr]

In dieser Arbeit soll dargestellt werden, wie die werbetreibende Wirtschaft Einfluss durch die positiv suggerierten Werbeversprechen auf den Konsumenten nimmt.

Wie durch den zunehmenden Druck aus der Öffentlichkeit seitens der Medien und dem Gesundheitsbewusstsein der Verbraucher gerade die Werbeversprechen von Lebensmitteln ins Wanken geraten.

Um diesen Gang nachzuzeichnen wird zunächst die Werbung als solche definiert mit speziellem Blick auf die Besonderheiten der Kinderwerbung und dem Kind als Konsumenten. Anschließend werden die bereits genannten Produkte, Zott Monte Drink und die Milchschnitte, beleuchtet.

2. Definition Werbung

Werbung ist die

„bewusste Beeinflussung von Menschen auf einen bestimmten Werbezweck hin. [Es wird unterschieden] zwischen Propaganda, die politischer oder kulturellen Zwecken dient, und [der] Wirtschaftswerbung. [Die allgemein übliche Bezeichnung Reklame] für alle wirtschaftlichen Werbemaßnahmen wird [...] in abwertendem Sinn gebraucht." [8]

Werbung – Grammatisch betrachtet beinhaltet das Substantiv das Verb werb(en).

„Dieses steht in engem Zusammenhang mit Wirbeln. Die grundlegende Bedeutung kann daher auch soviel wie sich drehen meinen. Ebenfalls zu finden sind: hin und her gehen, sich umtun, bemühen, etwas betreiben, ausrichten, wenden oder wandeln." [9]

In Deutschland wurde jedoch bis weit in die 30iger Jahre Reklame verwendet, welches sich von dem französischen (réclamer = ausrufen, anpreisen) ableitet.

---

[8] Hrsg. Bertelsmann Lexikon Verlag 2001, 994
[9] http://www.otato.de/deutsch/werbung.htm [12.06.2010; 17.33 Uhr]

3. *Geschichte der Werbung*

Die Werbung – im Grunde ist sie fast so alt wie die Menschheit selbst. Lange bevor einseitige Werbeanzeigen das Bild von Zeitungen prägten, weit bevor die Werbung ins Fernsehen Einzug gehalten hat, war sie schon Bestandteil des täglichen Lebens der Menschen. Wenn auch weniger bewusst als heute. Werbung ist keine Erfindung der Moderne.

3.1 Antike bis Mittelalter

Bereits 2000 Jahre vor Christus erwirkten babylonische Händler Aufmerksamkeit beim Konsumenten durch beschriebene Tafeln mit Keilschrift. Die Athener Bevölkerung nutze eben solche Tafeln, um Veranstaltungen anzukündigen. [10] Dies waren die ersten Vorläufer des modernen Plakates. [11]

Wie zum Beispiel Gladiatorenkämpfe in der Antike. „[...] Veranstalter warben auf Wandmalereien für ihre Attraktionen." [12]

Veranstalter waren hier meist Imperatoren wie der römische Kaiser Commodus. Dieser setzte die Gladiatorenkämpfe als politisches Zweckmittel ein und beeinflusste somit das Volk um seine Beliebtheit, wie etwa seine Wiederwahl, zu sichern. Außerdem gab es in der Antike schon Übermittler von Botschaften, die allerdings meist militärischen Zwecken dienten.

Rhetoriker wie der Grieche Aristoteles nutzten die öffentliche Rede um die Bevölkerung zu informieren.

Die Bevölkerung wurde hier direkt angesprochen und war für den Redner somit direkt wahrnehmbar. Dadurch konnte der Redner direkt die Reaktionen der Zuhörer sehen/ hören und diese unter Umständen mit in seinen Vortrag einbauen. Jedoch ist die Kommunikation bei einem Vortrag eingeschränkt, denn nur der anwesende Teil der Bevölkerung konnte die Information direkt wahrnehmen.

Neben den öffentlichen Reden gab es zudem „auch öffentliche sichtbare Inschriften auf öffentlichen Gebäuden." [13]. Die Römer nutzten gar eine Art Staatszeitung. [14]

> „Das waren auf Anschlagzetteln auf Papyrus für die Bürger [...] öffentlich bekannt gemachte Informationen. Sie enthielten Protokolle der Senatsverhandlungen, Chroniken wichtiger Daten und Ereignisse im Jahresverlauf sowie durchaus auch Informationen aus amtlichen oder auch privaten Briefen."[15].

---

[10] http://www.was-war-wann.de/geschichte/werbung.html [12.06.2010; 14.44 Uhr]
[11] Huth, Rupert/ Pflaum, Dieter 2005, 191
[12] http://www.meinebibliothek.de/Texte/html/gladiatoren.html [12.06.2010; 15.03 Uhr]
[13] Pürer, Heinz 2003, 214
[14] Pürer, Heinz 2003, 214
[15] Pürer, Heinz 2003, 214

Diese Art der Kommunikation beziehungsweise das Werben für die eigenen Ideen und politischen Ansichten per Anschlag „stellt eine einseitige, indirekte und technisch vermittelte […] Form der Kommunikation dar." [16] Direkte Reaktionen konnten somit zwar nicht eingeholt werden, jedoch konnten früher so mehr Menschen über einen längeren Zeitraum informiert werden, als mit der öffentlichen Rede.

Nach Werner Faulstich gehört dieser Bereich der Entwicklung in die Phase der Primär- und Menschmedien.

Um 800 bis 1400 war die Periode des Christlichen Mittelalters in der Medienkulturgeschichte.

Durch die damaligen örtlichen, materiellen, geistigen und kulturellen unterschiedlichen Kultur- und Lebensweisen konnte keine homogene Gruppe von Medienkonsumenten entstehen. Es bildeten sich Teilöffentlichkeiten wie die Burg, das Kloster, das Dorf und die Stadt heraus.

Auf der Burg gab es den reitenden Boten, welcher Nachrichten zum Beispiel für ein Festessen zu anderen Burgen verteilte. Dies diente den Burgherren als Werbung für seinen Besitz und Ansehen. Im Kloster wurde durch die bebilderten Kirchenfenster für die eigene Sache und Religion geworben. Der Handel mit Produkten wie Lebensmitteln, aber auch Dienstleistungen fand zum Großteil nur in den Städten statt. Abgesehen vom reitenden Boten spielte sich die Werbung im Mittelalter häufig an ein und demselben Ort ab.

Der plakatähnliche Anschlag war immer nur an einem Ort: „[Die] Wirksamkeit war jedoch begrenzt, da es sich um einzelne, an ihren Standort gebundene Aussagen handelte, die nur anwesende Menschen erreichten." [17]

Städte sowie Dörfer lagen weit auseinander und nur wenige, wie zum Beispiel Könige oder Gelehrte konnten sich Pferde oder Esel als Transportmittel leisten.

Geworben wurde vor allem an Lebensmittelpunkten wie Marktständen. Marktschreier versuchten durch laute Rufe ihre Produkte bestmöglich an die Menschen zu verkaufen. Doch eben durch die verschiedenen Teilöffentlichkeiten wie Stadt, Dorf und Kloster konnten die Menschen damals nicht ohne weiteres kommunizieren.

Längst sprachen nicht alle dieselbe Sprache beziehungsweise verstanden einander. Vor allem konnten nur angesehene Hochrangige lesen und schreiben. Ein weiteres Problem war natürlich auch, dass es zu wenige Bücher gab.

Dies änderte sich erst 1455 durch die Vollendung der 42-zeiligen Gutenberg-Bibel.[18] Mit der Erfindung des Buchdruckes schuf Johannes Gutenberg dadurch die Voraussetzungen für das Publizieren von Werbung im großen Stil. Die Zeit für gedruckte Handzettel war gekommen.

[16] Pürer, Heinz 2003, 73
[17] Huth, Rupert/ Pflaum, Dieter 2005, 192
[18] Hrsg. Bertelsmann Lexikon Verlag 2001, 348

3.2   17. Jahrhundert bis 2. Weltkrieg

In diesem Jahrhundert gewann das Medium Zeitung immer mehr an Bedeutung. Der Drucker Johann Carolus verteilte 1605 die Straßburger Relation.

Ende 1700 entstanden in Europa sogenannte Intelligenzkomptoirs: „Dies waren Vermittlungsanstalten, die Listen zur Verfügung stellten, in denen gegen Gebühr Angebote eingetragen und herausgesucht werden konnten. Bald wurden diese Listen vervielfältigt und verkauft." [19]

Jedoch verlangte der preußische König Friedrich Wilhelm I 1727 „eine Trennung von Intelligenzwesen und Zeitung [.]" [20]

Zu dieser Zeit waren Inserate

> „den Anzeigenbüros vorbehalten und durften nicht in Zeitungen abgedruckt werden. [Doch mit] der erhöhten Druckleistung der Druckerpressen und dem Bedürfnis nach größeren Auflagen der Medien fanden nach der Aufhebung des Intelligenzzwanges 1849 die Inserate Eingang in die Presse." [21]

Für die Bevölkerung hatte die Aufhebung einen positiven Ausgang, denn die Preise für Zeitungen sanken.

„Mit zunehmender Alphabetisierung stieg auch die Zahl der Zeitungsleser. So zählten im Jahr 1910 bereits 36 [Prozent] der Bevölkerung zur Leserschaft." [22]

Doch erst durch die industrielle Revolution 1900 nahmen vor allem die wirtschaftlichen Werbemaßnahmen Fahrt auf. Marktschreier im Mittelalter boten Produkte und Dienstleistungen aus reinem Eigeninteresse an: Grundbedürfnisse wie Essen und Schlafen mussten befriedigt werden. Die Familie musste ernährt werden.

Durch die einsetzende Massenproduktion wurden viel mehr Produkte angeboten, ein Großteil der Bevölkerungsschichten konnte sich einen relativen, bis dahin nicht dagewesenen sozialen Wohlstand erarbeiten. Produkte konnten nun per Eisenbahn oder Dampfschiff über weite Strecken transportiert werden und mussten nicht mehr mühevoll über gefährliche Alpenpässe befördert werden. Maschinen nahmen den Menschen mit zunehmender Zeit die Arbeit ab. Für die Menschheit kam nun die völlig unbekannte Freizeit und mit ihr hielt gleichzeitig der Konsum Einzug. Bis heute hat dieser nicht an Bedeutung verloren. Denn mit dem Konsum rückten auch immer mehr die sogenannten Markenartikel ins Licht.

---

[19] http://www.bubenhofer.com/publikationen/1998wejou/werbungjournalismus.html [12.06.2010; 16:24 Uhr]

[20] http://www.barske.com/FP/PRIVAT/WERBUNG.HTML [12.06.2010; 16.47 Uhr]

[21] http://www.barske.com/FP/PRIVAT/WERBUNG.HTML [12.06.2010; 16.47 Uhr]

[22] Huth, Rupert/ Pflaum, Dieter 2005, 165

Die Werbeerfindung von Ernst Theodor Litfaß, die Litfasssäule [23], reichte nun längst nicht mehr aus.

Abbildung 1: Zeitgenössische Lithographie zur ersten Berliner Litfaßsäule [24]

Um 1920 gewann die Schaufensterwerbung immer mehr an Bedeutung, ebenso die zu dieser Zeit entstehende Leuchtreklame.
Doch auch mit der Zunahme der Werbung, wie eben der Leuchtreklame, die zwar ein Franzose erfunden hatte, ihren Siegeszug dennoch von den Vereinigten Staaten von Amerika aus in die Welt antrat, [25] nahm auch die Werbekritik langsam ihren Anfang.
Am 29. Oktober 1923 begann von Berlin aus die Geschichte des Hörfunks in Deutschland. Voraussetzung hierfür war die Erfindung und technische Entwicklung der Telegrafie und des Telefons. [26]
Bereits zwei Jahre später, im Jahr 1925, wurde Werbung ins Radioprogramm mit aufgenommen. [27] Das Radio wurde in der Zeit der Weimarer Republik von der Post gefördert, hatte dennoch aber private Investoren und finanzierte sich über Teilnehmergebühren.
Die Werbung bestand aus „kurze[n] Reklame-Rundsprüche[n], 15 bis 20 Minuten lange[n] Werbevorträge[n] und Werbekonzerte[n]."[28]
Das Radio hatte bis in die fünfziger Jahre eine Vormachtstellung. Der Vorteil, vor allem für die Werbetreibenden, lag darin, dass es nur einmal gesendet werden muss, aber viele Hörer (Konsumenten) gleichzeitig erreicht.

---

[23] Huth, Rupert/ Pflaum, Dieter 2005, 192
[24] http://de.academic.ru/pictures/dewiki/76/Litfass.jpg ,[14.06.2010; 15.38 Uhr]
[25] http://www.openpr.de/news/319051/Leuchtreklame-laesst-Marken-strahlen.html
[12.06.2010; 17.06 Uhr]
[26] Pürer, Heinz 2003, 217f
[27] Huth, Rupert/ Pflaum, Dieter 2005, 214
[28] Huth, Rupert/ Pflaum, Dieter 2005, 214

Die Transformationsphase begann Mitte der sechziger Jahre, wo der Fernseher die Funktion als neues Leitmedium einnahm.

1928 fanden auf der Berliner Funkausstellung erste öffentliche Versuche der Fernsehübertragung statt. 1935 wurden in Deutschland erste öffentliche Fernsehsendungen ausgestrahlt. Ein Jahr später wurden die Olympischen Sommerspiele in Berlin teilweiße übertragen. „[R]und 140.000 Personen in Berlin, Potsdam und Leipzig [hatten] die Möglichkeit, in öffentlichen Fernsehstuben (der Post) die Übertragung [...] zu verfolgen." [29] Doch durch den zweiten Weltkrieg ruhte die weitere Entwicklung des Fernsehens zunächst auf unbestimmte Zeit.

Mit dem Erscheinen von Zeitungen und Radios und später auch dem Fernsehen begann auch die öffentliche Massenkommunikation im herkömmlichen Sinn. Ebenso wie der Anschlagzettel in der Antike ist auch diese Form indirekt und einseitig.

„[Die Massenkommunikation] bedient sich technischer Verbreitungsmittel und wendet sich an ein disperses [...] Publikum, auch wenn beispielsweiße nur bestimmte Publikumssegmente [beziehungsweiße] Zielgruppen angesprochen werden." [30]

Während des zweiten Weltkrieges wurden die verschiedenen Medien wie Zeitungen und Radio für politische Propaganda missbraucht.

Vor allem das Radio „wurde von den Nationalsozialisten als das Propaganda-Instrument völlig in den Dienst des Staates gestellt." [31]

Die Nationalsozialisten setzten aber auch das Medium Film geschickt für ihre Propagandazwecke ein. „1895 wurden in Deutschland [...] die ersten [Stummf]ilme öffentlich vorgeführt." [32] Ab 1929 gab es auch den Tonfilm. [33]

Mit Ende des zweiten Weltkrieges 1945 trat die Werbung in den folgenden drei Jahren „fast nur in Form politischer Propaganda auf." [34] Plakate und das Radio waren zu dieser Zeit die einzigen Informationsquellen für die Öffentlichkeit. [35] Denn durch die Luftangriffe der Alliierten war die Infrastruktur in Deutschland vielfach zerstört wurden.

Ob Hygieneprodukte oder Lebensmittel – es herrschte ein Mangel an Dingen des täglichen Bedarfs. Statt Werbeplakate zu entwerfen, waren die Menschen in Deutschland mit dem Entwerfen von neuen Straßenzügen und dem Wiederaufbau beschäftigt. So gab es die meisten Sachen wenn überhaupt, nur auf dem Schwarzmarkt zu kaufen.

---

[29] Pürer, Heinz 2003, 220
[30] Pürer, Heinz 2003, 73
[31] Pürer, Heinz 2003 249
[32] Pürer, Heinz 2003 219
[33] Pürer, Heinz 2003 219
[34] Kriegeskorte, Michael 1992, 8
[35] Kriegeskorte, Michael 1992, 8

Ab 1948 verbesserte sich die Lebenssituation allmählich wieder. „Werbung wurde anfangs hauptsächlich in den [...] wieder erscheinenden Zeitungen und Zeitschriften betrieben."[36]

Dabei war weniger die Aufmachung der Werbung entscheidend, vielmehr sollte die Bevölkerung informiert werden, dass „[...] preiswerte, einfache Konsumartikel wie Zahnpasta, Seife, Zigaretten und Kosmetika [...]" wieder verfügbar waren.[37]

Kein Wunder also, dass die meisten Anzeigen mit dem Schriftzug „Es gibt wieder ..." versehen waren.[38]

Handelte es sich nicht um reine Textanzeigen, so waren diese häufig „mit gezeichneten oder gemalten Abbildungen im Stil der zwanziger und frühen dreißiger Jahre kombiniert."[39]

Abbildung 2: Werben im Bauhausstil für die Nivea Zahnpasta [40]

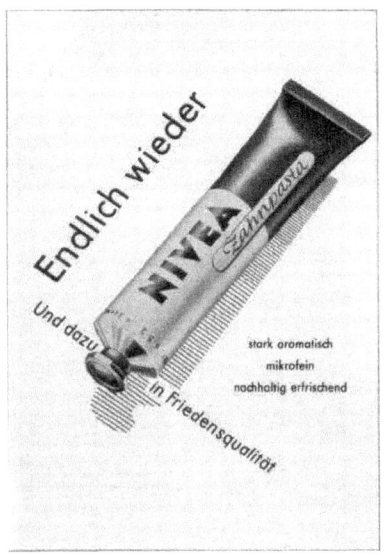

Not macht bekanntlich erfinderisch, trotzdem ist es heute eigentlich unvorstellbar: Das „[damalige] Reinigungsmittel Rei wurde noch 1951 in einer Anzeige gleichzeitig zur Körperhygiene, zum Baden und Duschen, zum Geschirrspülen, zum Wäschewaschen, zum Hausputz und zur Bodenreinigung"[41] angepriesen.

---

[36] Kriegeskorte, Michael 1992, 8
[37] Kriegeskorte, Michael 1992, 8
[38] Kriegeskorte, Michael 1992, 17
[39] Kriegeskorte, Michael 1992, 8
[40] Kriegeskorte, Michael 1992, 19
[41] Kriegeskorte, Michael 1992, 8

3.3 Die 50er Jahre

Mit den 50er Jahren entstand das

> „[…]Synonym für den Durchschnittsdeutschen […], dessen Konsumverhalten immer mehr von Interesse wurde – durch den steigenden Wohlstand vollzog sich der Übergang vom Verkäufermarkt zum Käufermarkt." [42]

Abbildung 3: Werbeanzeige im Jahr 1945 aus Constanze [43]

Wurde in den ersten Nachkriegsjahren noch für die Produkte wie Seife – Reinheit und Hygiene als Grundbedürfnis des Menschen - geworben, waren die fünfziger Jahre auch der Beginn der Automobilwerbung. [44]

Anfangs wurde kaum Farbe bei den Werbeanzeigen eingesetzt, da sie sehr teuer waren und „nur wenige Zeitschriften mehrfarbige Illustrationen drucken konnten." [45] Doch Mitte der fünfziger Jahre wurden neue Maschinen entwickelt, „welche die Qualität von Reproduktionen im Schwarzweißbereich erheblich steigerten und […] den vierfarbigen Druck […] erlaubten." [46]

---

[42] Caspers, Markus ohne Datum, 46
[43] Kriegeskorte, Michael 1992, 127
[44] Caspers, Markus ohne Datum, 177
[45] Kriegeskorte, Michael 1992, 8
[46] Kriegeskorte, Michael 1992, 49

Dies hatte Folgen für die Macher (Anzeigengestalter) und die Werbekunden: Durch den sprichwörtlich frischen Wind erhielten die Anzeigengestalter mehr Aufträge [47], denn die Unternehmen sahen in den farbigen Abbildungen die Glaubwürdigkeit ihres Produktes steigen und somit der Realität immer näher kommen. Und was der Realität am nächsten ist, verkauft sich auch am besten.

Durch den wirtschaftlichen Aufschwung profitierten nicht zuletzt auch die Unternehmen: Das gewonnene Geld investierten sie in eine „aufwendigere Anzeigengestaltung."[48]. Später wurden die farbigen Zeichnungen mehr und mehr durch Werbefotos ersetzt. [49]

3.4 Die 60er Jahre bis Heute

In den sechziger Jahren setzte der Siegeszug des Fernsehens in Deutschland ein. Am 10. Juni 1950 gingen die Rundfunkanstalten NWDR, RB, HR, SDR und SWF zusammen. [50] „Die später gegründeten Anstalten WDR, SFB und SR folgten." [51]

Das erste deutsche Fernsehen startete 1953 mit der Übertragung der Krönung Elisabeth II.

Abbildung 4: Live-Übertragung der Hochzeit von Königin Elizabeth II [52]

Doch den offiziellen Sendebetrieb nahm die ARD erst am ersten November 1954 auf. [53]

---

[47] Kriegeskorte, Michael 1992, 49
[48] Kriegeskorte, Michael 1992, 49
[49] Kriegeskorte, Michael 1992, 135
[50] Pürer, Heinz 2003, 251
[51] Pürer, Heinz 2003, 251
[52] Caspers, Markus ohne Datum, 51
[53] Pürer, Heinz 2003, 251

Fast auf den Tag genau zwei Jahre später, lief in der Sendung des bayrischen Rundfunks mit dem Waschmittel Persil die erste Fernsehwerbung über die Bildschirme. [54] Die Fernsehwerbung wurde drei Jahre später zum festen Bestandteil aller regionalen Sendeanstalten der ARD.

„Die Einführung des Werbefernsehens in den Anstalten der ARD erfolgte, um einem von der Wirtschaft finanzierten zweiten Programm zuvorzukommen." [55] Durch die bewegten Bilder boten sich den Werbetreibenden neue Möglichkeiten ihre Produkte anzupreisen. Der Konsument konnte die Werbung mit mehreren Sinnen wahrnehmen.

Es sollte kein Aprilscherz werden, vielmehr eine Alternative zur föderal organisierten ARD: Am ersten April 1963 ging das ZDF auf Sendung. Das ZDF ist der nationale Fernsehsender aller 16 Bundesländer mit einem bundesweit einheitlichen Programm.

1967 änderte sich das Fernsehbild für den Zuschauer: Aus Schwarz-Weiß-Fernsehen wurde, durch das PAL-System, Farbfernsehen. Für die Werbetreibenden konnte diese Weiterentwicklung des Fernsehwesens nur von Vorteil sein. Denn wie schon bei der Neuerung der Anzeigen und Plakate sahen die Fernsehzuschauer nun auch die Produkte, wie sie im Laden letztendlich erhältlich waren.
Dabei löste von Beginn an „das Werbefernsehen erregte Diskussionen aus, viele davon mit kulturkritischen und ideologischen Untertönen." [56]

In den sechziger Jahren beginnt die Entwicklungsgeschichte des Internets. [57] Das amerikanische Militär nutzte in dieser Zeit ein Computernetzwerk um Daten auszutauschen. [58] „1990 wurde der Prototyp zum heutigen WWW entwickelt und 1993 der Öffentlichkeit zugänglich gemacht […]." [59] Besonders die Werbetreibenden haben in der Online-Kommunikation schnell die Vorteile erkannt: Denn es ist

„weltweit zu jeder Tages- oder Nachtzeit ohne Einschränkung verfügbar […]. Ein Werbetreibender hat die Möglichkeit durch eine entsprechend gestaltete Internetpräsenz sowohl Kosten zu reduzieren, den Umsatz zu steigern, als auch einen Imagegewinn auszulösen." [60]

Ein weiterer Vorteil gegenüber dem Fernsehen: Alles ist wiederholbar, abrufbar und speicherbar. Außerdem verfügt das Internet bis dahin über eine nicht bekannte Aktualität. Die Kommunikation findet nicht mehr indirekt statt und ist zudem öffentlich.

---

[54] Schneider, Karl 1997, 293
[55] Wilke, Jürgen 1999, 521
[56] Wilke, Jürgen 1999, 521
[57] Huth, Rupert/ Pflaum, Dieter 2005, 142f
[58] Huth, Rupert/ Pflaum, Dieter 2005, 143
[59] Huth, Rupert/ Pflaum, Dieter 2005, 143
[60] Huth, Rupert/ Pflaum, Dieter 2005, 142f

„In den letzten Jahren hat sich eine gewisse Standardisierung der klassischen Online-Werbemittel abgezeichnet. Trotz der vielfältigen innovativen Möglichkeiten, wird der Großteil [...] noch immer über Banner, Skyscraper und Pop-Ups durchgeführt."[61]

Durch die technische Weiterentwicklung im Laufe der Jahre, unter anderem das Ausweichen auf Breitbandkabelnetz, ging am ersten Januar 1984 der heutige Sender SAT.1 als erster deutscher privater Sender auf Sendung. Einen Tag später startete RTL plus, heute bekannt als RTL. Das duale Rundfunksystem in Deutschland eröffnete die Programmkonkurrenz der privaten mit den öffentlich-rechtlichen Anstalten. (siehe Punkt 3.5)

Wie die gesamte technische Entwicklung so entwickelt sich auch die Werbung rasant weiter. Oft verschmilzt die Werbung heute immer mehr mit zusammenhängenden Ereignissen und wird zur Kunst, sei es die Einhüllung von Häuserfassaden oder des Brandenburger Tores, durch Gewinnspiele oder durch Namenssponsoring von Sportveranstaltungen oder Stadien.

3.5 Entwicklung der Privaten

Werbung, allen voran Kinderwerbung wird größtenteils von den privaten Sendern ausgestrahlt. Ein Blick in die Geschichte des privaten Fernsehens zeigt warum: 1981 hatte in Deutschland die Diskussion um privates Fernsehen begonnen. Durch das dritte Rundfunkurteil am 16. Juni 1981 wurden die Länder aufgefordert, je eigene Gesetze für die Zulassung des privaten Rundfunks zu erarbeiten. [62] Damit war die Tür zum privaten Rundfunk geöffnet. Neben den privat-kommerziellen Fernsehsendern SAT.1 und RTL plus entstanden auch private Radiosender.

Das vierte Rundfunkurteil aus dem Jahr 1986 war der Beginn des Spartenangebotes der Privaten. Mit diesem Rundfunkurteil wurde klargestellt, dass die privaten Programmveranstalter „im Hinblick auf die Breite und Ausgewogenheit des Programms geringere Anforderungen" [63] zu erbringen haben, als die öffentlich-rechtlichen Rundfunkveranstalter.

Aus diesem Rundfunkurteil 1986 und nachfolgenden ist eine sogenannte Aufgabenverteilung zwischen dem öffentlich-rechtlichen Rundfunk und dem Privaten entstanden: Ersterer ist für die Grundversorgung zuständig, der private Rundfunk übernimmt Zusatzaufgaben. [64]

---

[61] Huth, Rupert/ Pflaum, Dieter 2005, 149

[62] Pürer, Heinz 2003, 256

[63] Pürer, Heinz 2003, 256

[64] Pürer, Heinz 2003, 257

So haben die öffentlich-rechtlichen Anstalten im Gegensatz das Recht, Gebühren zu erheben. Weitere Rechte der öffentlich-rechtlichen sind die Bestands- und Entwicklungsgarantie sowie die Teilnahme an der Rundfunkentwicklung, um eben den Zuschauern und Zuhörern die bestmögliche Information anzubieten und somit die Grundversorgung zu sichern.

Die Privaten müssen dagegen Informationen in vollem Umfang wiedergeben. Durch das Bestehen der beiden, verschieden-orientierten Anstalten hat sich das duale Rundfunksystem in Deutschland festgesetzt.

Um die Grundversorgung der öffentlich-rechtlichen zu gewährleisten müssen die Zuschauer Gebühren zahlen. Denn anders als die Privaten finanziert sich der öffentlich-rechtliche Rundfunk in Deutschland „im Wesentlichen aus Teilnehmergebühren und Werbeerlösen sowie – zu einem nur geringen Teil – aus Programmverwertung beziehungsweise Programmrechteverkauf."[65]

Aufgrund des Grundversorgungsauftrages sind die öffentlich-rechtlichen weniger daran interessiert Gewinne zu erwirtschaften, sondern vielmehr die eigenen Kosten zu decken.

Ganz anders die Privaten: Sie finanzieren sich fast ausschließlich „aus Gebühren und Abgaben der von ihnen zugelassenen privaten Rundfunkbetreiber."[66] Nur zwei Prozent ihrer Finanzierung besteht aus „der für die öffentlich-rechtlichen Rundfunkanstalten eingezogenen […] Gebühr."[67]

Die obersten Aufsichts- und Kontrollorgane für den privaten Rundfunk sind die insgesamt 15 Landesmedienanstalten.

Heute bestimmen vor allem die beiden Unternehmen RTL Television und die ProSiebenSat.1 Media AG die private Fernsehlandschaft in Deutschland.

RTL Television ist am Nachrichtensender n-tv, RTL II und Super RTL beteiligt. Weiterhin zählen dazu RTL, VOX, RTL SHOP, RTL NEWMEDIA sowie die „Vermarktungsunternehmen IP Deutschland [,] IP NEWMEDIA sowie die RTL CREATION […] [und] RTL Enterprises[.]"[68]

Pro Sieben sendete 1990 „als erster deutscher Sender rund um die Uhr."[69] Zu Pro Sieben zählt die Sendertochter Kabel1, SAT1 sowie der Nachrichtensender N24. Dieser ging im Jahr 2000 auf Sendung.[70]

In Deutschland existieren folgende Kindersender:

Der Kinderkanal, kurz KI.KA. Dieser Kindersender ist eine Gemeinschaftsproduktion von öffentlich-rechtlichen ARD und ZDF.

---

[65] Pürer, Heinz 2003, 255
[66] Pürer, Heinz 2003, 258
[67] Pürer, Heinz 2003, 258
[68] Huth, Rupert/ Pflaum, Dieter 2005, 115
[69] Huth, Rupert/ Pflaum, Dieter 2005, 115
[70] Huth, Rupert/ Pflaum, Dieter 2005, 115

Damit ist der KI.KA werbefrei. Jedoch „handelt es sich hierbei allerdings nicht um ein Vollprogramm, da nur von 8.00 bis 21.00 Uhr gesendet wird." [71] Das Programm ist für Kinder bis etwa 13 Jahre [72] konzipiert.

Der Privatsender Super RTL ist ein Spartensender. Das Programm ist an drei- bis 13-Jährige gerichtet. Am 28. April 1995 startete das Programm, seit 1998 ist Super RTL Marktführer bei der Zielgruppe der drei bis 13-Jährigen. [73] Das Kinderprogramm läuft ab 6.00 Uhr durchgängig bis 20.15 Uhr. Darüber hinaus laufen bei dem Sender spezielle Sendungen für Klein- und Vorschulkinder unter dem Namen TOGGOLINO, [74] „die Älteren finden Ihr Programm unter dem Namen TOGGO." [75]

Seit September 2005 gibt es in Deutschland auch wieder den Sender Nickelodeon. [76] Der Kindersender gehört zu dem amerikanischen Konzern VIACOM Brand Solutions. [77]

Wie auch der Konkurrent setzt Nickelodeon vormittags mit dem Sendeprogramm Nick Junior auf die Zielgruppe der drei - bis fünfjährigen beziehungsweise [78] mit dem Programm Nickelodeon (wie der Sendername) sollen die sechs- bis 13-Jährigen ab Mittag angelockt werden. [79]

KI.KA, Super RTL und Nickelodeon sind derzeit die drei Kindersender im frei empfangbaren Fernsehen in Deutschland. Darüber hinaus gibt es noch weit über fünf Kindersender, die im sogenannten Pay TV unter dem Medienkonzern Sky laufen. Jedoch spielen die Sender in dieser Arbeit keine Rolle, da es keine Werbeunterbrechungen gibt.

Neben den reinen Kindersendern werden noch Programmstrecken für das junge Publikum angeboten. Allen voran steht hier RTL II:

Hier werden vor allem am Nachmittag japanische Zeichentrickfilme gesendet.

Am Wochenende sendet Kabel 1 in den Vormittagsstunden ebenfalls hauptsächlich Cartoons. ARD und ZDF senden ebenfalls am Wochenende vormittags für die jungen Zuschauer. Darüber hinaus bieten die dritten Programme unter der Woche auch Sendungen für Kinder.

---

[71] Huth, Rupert/ Pflaum, Dieter 2005, 115

[72] Huth, Rupert/ Pflaum, Dieter 2005, 115

[73] http://www.superrtl.de/InfosfürEltern/tabid/302/Default.aspx [19.06.2010; 13.10 Uhr]

[74] http://www.superrtl.de/InfosfürEltern/tabid/302/Default.aspx [19.06.2010; 13.10 Uhr]

[75] http://www.superrtl.de/InfosfürEltern/tabid/302/Default.aspx [19.06.2010; 13.10 Uhr]

[76] http://www.viacombrandsolutions.de/de/sender/marken/nick/positionierung.html [19.06.2010; 13.21 Uhr]

[77] http://www.viacombrandsolutions.de/de/sender/marken/nick/positionierung.html [19.06.2010; 13.21 Uhr]

[78] http://www.viacombrandsolutions.de/de/sender/marken/nick/positionierung.html [19.06.2010; 13.21 Uhr]

[79] http://www.viacombrandsolutions.de/de/sender/marken/nick/positionierung.html [19.06.2010; 13.21 Uhr]

3.6 Fernsehwerbespot

Der „Anlass für die Schaffung des Werbeprogramms war das verstärkte Interesse der werbetreibenden Industrie an dem immer attraktiver werdenden Medium." [80]

3.6.1 Die 50er Jahre

1956 gestartet, war die Fernsehwerbung von nun an nicht mehr aufzuhalten. Das Bayrische Fernsehen strahlte als erste ARD-Anstalt im Zeitraum von 19.30 bis 20.00 Uhr ein geschlossenes Werbeprogramm aus. „Innerhalb der Sendung ‚Zwischen halb und acht', die als Werberahmenprogramm diente, wurden täglich durchschnittlich [zirka] sechs Minuten lang Werbespots gezeigt." [81]

Der erste Werbespot, der über die Bildschirme flimmerte war von Persil. Um das Produkt wurde eine kleine Geschichte arrangiert. Typisch für diese Zeit war die Sauberkeit und Hygiene. Der Werbespot zeichnet sich unter anderem durch „treudeutsche Biederkeit sowie [...] durch [seine] Pseudowissenschaftlichkeit aus." [82]

Die Menschen hatten sich ihren Wohlstand hart erarbeitet, genossen die Freizeit, wie auch der Werbespot beweist: Die beiden Volksschauspieler Liesl Karlstadt und Beppo Brehm [83] machen es sich im Wirtshaus gemütlich.

Abbildung 5: Ausschnitt aus der Persil Werbung von 1956 [84]

Der Mann kleckert auf die Tischdecke und Liesl Karlstadt ganz in der Rolle der Hausfrau erbost sich darüber. Doch der Wirtshausbesitzer sieht dies als kleines Malheur, ruft eine Angestellte, die den Fleck mit einer Serviette wegputzt. Zur Frau gewandt spricht er: „Dafür gibt es doch Gott sei Dank Persil, nicht wahr [...]." [85]

---

[80] Hickethier 1998, 135

[81] Wilke, Jürgen 1999, 520

[82] Wilke, Jürgen 1999, 522

[83] http://www.wdr.de/themen/kultur/stichtag/2006/11/03.jhtml [19.06.2010; 14.48 Uhr]

[84] http://www.youtube.com/watch?v=s2iVRi0_EDg [19.06.2010; 14.05 Uhr]

[85] http://www.youtube.com/watch?v=s2iVRi0_EDg [19.06.2010; 14.05 Uhr]

Nachdem der Besitzer wieder weg ist, diskutieren der Mann noch mit seiner Ehefrau und spricht zuletzt die Worte in die Kamera: „Persil. Und nichts anderes."[86] Damit ist der 55sekündige Spot vorbei.

Im Gegensatz zu späteren Jahren wird hier noch nicht das Produkt eingeblendet, der Zuschauer sieht die Spielszene, hört aber nur den Namen des Produktes, sieht es aber nicht. Ganz der Heimat verbunden wird im bayrischen Akzent gesprochen.

Doch nicht alle fanden Gefallen an der neuen Art für Produkte zu werben: Zeitungsverleger sahen in den Werbespots eine zunehmende Konkurrenz. 1964 zog eine Kommission des Deutschen Bundestages einen Schlussstrich unter die zahlreichen Klagen von Zeitungsverlegern der vergangenen Jahre. Das Urteil fiel für die Werbespots aus. Im Urteil hieß es, „[d]ie Zeitungen haben keine Werbekunden an das Fernsehen verloren. Das Fernsehen hat keine Wettbewerbsverzerrungen verursacht, sondern nur Anteilsverschiebungen."[87]

Im Vergleich zu den sechziger Jahren steht in dieser Zeit noch der Nutzen im Vordergrund. Wie das Beispiel der Milchwerbung beweist. Auffällig jedoch zur heutigen Zeit: Hier werben weder Kinder noch Jugendliche für dieses Produkt, sondern ein erwachsener Mann bei der Arbeit. Die Milch wird eher als ‚Muntermacher' präsentiert, statt wie heute für das Wachstum und die Gesundheit. Im Spot lautet die Schlussaussage: „Ein Schluck Milch, das wirkt Wunder."[88]

Abbildung 6: Bildausschnitt aus einer Werbung der 50iger für Milch [89]

Fehlte beim Persil Werbespot Musik zur Untermalung noch gänzlich, wurden spätere Werbespots durch musikalisches Beiwerk getragen.

---

[86] http://www.youtube.com/watch?v=s2iVRi0_EDg [19.06.2010; 14.05 Uhr]

[87] http://www.tv-legenden.de/werbefiguren/der-erste-werbespot-im-deutschen-fernsehn/ [19.06.2010; 14.48 Uhr]

[88] http://www.youtube.com/watch?v=YGVuIw6AIVE&feature=related [14.06.2010; 15.45 Uhr]

[89] http://www.youtube.com/watch?v=YGVuIw6AIVE&feature=related [14.06.2010; 15.45 Uhr]

Abbildung 7: Bildausschnitt des Sarotti Werbespots [90]

Besonderes Merkmal in den fünfziger Jahren war ein gesungener Werbetext wie in diesem Beispiel von Sarotti: „[…] Hier ein Stückchen, da ein Stückchen, hier ein Stückchen, mir ein Stückchen. Vielen Dank singt man im Chor, vielen Dank Sarotti Mohr." [91]

> „Die Orientierung an amerikanischen Vorbildern, geprägt durch Sentimentalität und Sehnsucht nach einer heilen Welt, pa[ss]te dabei ideal zur Tendenz der Vergangenheitsverdrängung in der deutschen Nachkriegsbevölkerung. Werbesprecher redeten wie Märchenonkel, Produkte sangen und tanzen mit lachenden Gesichtern und gestikulierenden Ärmchen und Beinchen." [92]

Formal ist dieser Spot auch bestimmt durch den Reim und eben die Machart: Der Werbespot als Trickfilm. Besonders die Zielgruppe der Kinder dürfte dieser Spot angesprochen haben.
Ein weiteres Merkmal dieser Zeit waren die klischeeartigen Bilder, zum Beispiel mit der nörgelnden Hausfrau in der Gaststube, bei der alles seine Ordnung und Reinheit haben musste.

---

[90] http://www.youtube.com/watch?v=H3aslbk-h6l [19.06.2010; 16.02 Uhr]
[91] http://www.youtube.com/watch?v=H3aslbk-h6l [19.06.2010; 16.02 Uhr]
[92] Wilke, Jürgen 1999, 522

Abbildung 8: Bildausschnitt Rotbäcken Werbespot [93]

Aber auch die Werbung für Rotbäckchen aus den fünfziger Jahren spiegelt die Rolle der Frau wieder: Haushaltsführung und Kinderbetreuung.

Die Werbewirtschaft stieg in dieser Zeit bedeutend an. Die Werbung von Coca Cola „setzte im Lauf der fünfziger Jahre gezielt auf ein junges Publikum und erfand damit die zielgruppenspezifische Werbung." [94] Weitere Bedeutung erlangt zunehmend auch die systematische Erforschung der „Motive der Konsumenten wie die Wirkungsweisen von Werbekampagnen." [95]

3.6.2 Die 60er Jahre

Die Werbespots in dieser Zeit waren unter anderem gekennzeichnet durch den wirtschaftlichen Aufschwung nach dem Mangel. Immer mehr wird mit der Werbung auch ein Image vermittelt wie es das Beispiel von Kölnisch Wasser 4711 darstellt: Es zählt nicht mehr nur, was das Produkt kann, vielmehr auch das Image und die Marke. Im Spot fallen für diese Zeit typische Worte wie neu und modern.

Abbildung 9: Bildausschnitt des Werbespots für Körperhygiene [96]

---

[93] http://www.youtube.com/watch?v=baNNtCbZ0GA [19.06.2010; 15.59 Uhr]
[94] Wilke, Jürgen 1999, 523
[95] Wilke, Jürgen 1999, 523
[96] http://www.youtube.com/watch?v=0Xg4W7mmgMU [19.06.2010; 16.10 Uhr]

Die sechziger Jahre waren die Zeit von Produktionsüberschüssen und Importrekorden, somit konnten künstliche Bedürfnisse befriedigt werden. Kein Wunder also, dass Werbungen für Autos oder für Plattenspieler nur so aus der Erde schossen.

Abbildung 10: Plattenspieler von Dual [97]

Die Fernsehwerbung wächst und bekommt einen neuen gesellschaftlichen Hintergrund. Für die Bevölkerung steht nun die Selbstverwirklichung im Vordergrund.
Vor allem das Auto spiegelt die Sehnsucht der Deutschen nach Reisen, Unabhängigkeit, Eigenverantwortung und eben der Selbstverwirklichung wieder.
Außerdem dominierte in der Fernsehwerbung die Strategie, „aus Produkten Marken zu machen." [98]
„Der Produktnutzen wird in einem alltäglichen Zusammenhang präsentiert, nachvollzogen, geschildert oder selbst erfahren, wodurch Glaubwürdigkeit suggeriert wird." [99]

Die Werbung wurde in den sechziger Jahren auf eine Bewährungsprobe gestellt. Die deutsche Biederkeit hatte ausgesorgt, es stellte sich die Protestbewegung ein. Von den „neomarxistischen Studenten und Professoren" [100] wurde Werbung „als reine Verschwendung oder als infame Produktion falschen Bewu[ss]tseins oder falscher Bedürfnisse angeprangert." [101]
Jedoch sind Werbefachleute heute der Meinung, dass „gerade die linke Kritik an der Werbung deren Praxis eindeutig verändert und verbessert habe." [102]

---

[97] http://www.youtube.com/watch?v=WNeeqPnZoXc [19.06.2010; 16.10 Uhr]
[98] Wilke, Jürgen 1999, 526
[99] Wilke, Jürgen 1999, 526
[100] Wilke, Jürgen 1999, 525
[101] Wilke, Jürgen 1999, 525f
[102] Wilke, Jürgen 1999, 526

3.6.3 Die 70er Jahre

Die Werbung der siebziger Jahre ist gekennzeichnet durch die Entstehung der unterschiedlichen Formen wie dem Sponsoring, Merchandising, modernem Tauschhandel (Bartering) und Social Adversting.

Dies geht auch an der Fernsehwerbung nicht spurlos vorbei: Haribo wirbt für die Lakritzkatzen direkt vom Fußballplatz mit den Testimonials Uwe Seeler, Horst Höttges und Wolfgang Overath. [103]

Werbung lief nun in Farbe, doch nicht jeder Deutsche konnte sich trotz des Wirtschaftsaufschwungs ein Farbfernseher leisten. Daher kam die Werbebotschaft mit all ihren Farben nicht immer beim Endverbraucher an.

Abbildung 11: Ausschnitt des Werbespots für Opel Manta [104]

In den siebziger Jahren wird Humor oft als Werbestrategie genutzt. Wie die Werbung von Opel für den Manta beweist: Das Fahren des neuen Manta wird als Traum beworben. [105] Adjektive wie stark, chic und neu fallen.

Der Spot zeigt, dass auch die Freundin des Fahrers begeistert sein wird. Doch die Pointe: Als der Fahrer ankommt, um seine Freundin abzuholen, wartet bereits die gesamte Familie samt Gepäck. Ein weiteres Merkmal dieser Werbezeit war die Verwendung von bis dahin noch nicht verwendeten Worten. Die Opel Werbung für den Manta ist nur ein Beispiel: Worte wie neu und chic werden gern und oft verwendet.

Ende der siebziger Jahre lief die Tendenz der Fernsehwerbung dahin, „das Produkt zu inszenieren." [106]

---

[103] http://www.youtube.com/watch?v=qBLGlZrr9xA [01.08.2010; 18.07]

[104] http://www.youtube.com/watch?v=XQvhEUHBLTk&feature=PlayList&p
=9A33FF0692BE4E72&playnext_from=PL&playnext=1&index=1 [19.06.2010;15.38 Uhr]

[105] http://www.youtube.com/watch?v=XQvhEUHBLTk&feature=PlayList&p
=9A33FF0692BE4E72&playnext_from=PL&playnext=1&index=1 [19.06.2010;15.38 Uhr]

[106] Wilke, Jürgen 1999, 529

3.6.4 Die 80er Jahre

Vor allem durch die privaten Rundfunkveranstalter und das duale Rundfunksystem nimmt die Werbung einen Platz als Geldgeber ein.

Es eröffneten sich attraktive Sendezeiten für die Werbetreibenden „oder gar im Rahmen beliebter Programme, wodurch eine genaue Zielgruppenansprache möglich wurde [.]" [107]

In dieser Zeit setzte die Werbung auf Unterhaltung und orientierte sich am gesellschaftlichen Trend. [108] Dabei ging es nicht mehr um die Werbung an sich, sondern um das Erlebnis Werbung.

> „Mit den Konsumbedürfnissen der sogenannten Multioptionsgesellschaft [...] differenzierte sich die Werbung zielgruppenspezifisch aus, um die immer individualistischer und unberechenbarer werdenden Verbraucher überhaupt noch erreichen zu können." [109]

Typische Merkmale der achtziger Jahre Werbung sind unter anderem die Thematisierung von Körperkult (wie in der Fa-Werbung) und das wachsenden Umweltbewusstseinsein.

Abbildung 12: Ausschnitt aus der Fa-Werbung [110]

Außerdem entdeckte die Werbung zunehmend das neue Bild der Frauen, Männer sowie Senioren. [111]

Zunehmend wurden auch die Medien abhängig von der Werbung und so ermöglichte die Werbung

> „einen nie gekannten Zuwachs an Kommunikation, der einerseits wieder Werbung vervielfachte. Werbung puschte die gesellschaftliche Entwicklung zur Kommunikationsgesellschaft einerseits, zur Kommerzialisierung der Kommunikation andererseits." [112]

---

[107] Wilke, Jürgen 1999, 531
[108] Wilke, Jürgen 1999, 531
[109] Wilke, Jürgen 1999, 531
[110] http://www.youtube.com/watch?v=X7YcRYlbrX4 [06.07.2010; 17.53 Uhr]
[111] Wilke, Jürgen 1999, 531

3.6.5 Die 90er Jahre

Die Werbung nimmt in den neunziger Jahren ein bis dahin unbekanntes Maß an Überreizung der menschlichen Sinne an und scheint dadurch erschöpft. Sie reicht von Schockwerbung bis hin zu lässiger Coolness. [113] Mit immer extravaganteren Ideen versuchen die Werbetreibenden Aufmerksamkeit zu erzeugen.

> „Auch wenn (oder gerade weil) heute fast schon jedes Ereignis – von den olympischen Spielen bis zum Streetball-Turnier - als Werbeinszenierung erscheint, müssen die Reize immer drastischer werden und, soll noch Aufmerksamkeit für Produkte, Leistungen, Personen und Botschaften geweckt werden [...]." [114]

Merkmale dieser Zeit sind vor allem die direkte Ansprache an den Kunden – die Individualisierung. Der Kunde (Verbraucher) soll im Mittelpunkt des Geschehens stehen. So finden sich Werbesprüche wieder wie: „Als wär's für Sie allein gebraut" [115] oder „Ich und mein Magnum" [116].
In dieser Zeit werden auch die Kinder als Topzielgruppe [117] entdeckt. Für die Werbewirtschaft gewinnen sie zunehmend an Bedeutung. So sollen sie „als Entscheidungsträger für Familieninvestitionen gewonnen (Volkswagen: „Aber wir fahren Golf!") und möglichst früh an Marken gebunden werden." [118]
Auch der Videotext darf als Werbemedium im Fernsehen nicht unterschätzt werden.

> „[...] [F]ür den Einsatz des Teletextes als Werbetmittel [spricht die Möglichkeit], die Kommunikation sehr zielgerichtet auf die Zielgruppe abzustimmen, da der Teletext in Rubriken wie z.B. Politik, Wetter, Sport, [...] untergliedert ist." [119]

Neben dem klassischen Werbespot finden zunehmend auch andere Formen Einzug in das Medium Fernsehen: Dazu gehört das Sponsoring, möglich als Format-Sponsoring, Trailer-Sponsoring oder auch Titel-Sponsoring. [120]

---

[112] Wilke, Jürgen 1999, 532
[113] Wilke, Jürgen 1999, 531
[114] Wilke, Jürgen 1999, 531
[115] Wilke, Jürgen 1999, 534
[116] Wilke, Jürgen 1999, 534
[117] Wilke, Jürgen 1999, 534
[118] Wilke, Jürgen 1999, 534
[119] Huth, Rupert/ Pflaum, Dieter 2005, 124f
[120] Huth, Rupert/ Pflaum, Dieter 2005, 121ff

Um den Marktteilnehmern gerecht zu werden, „entstehen immer wieder neue Werbeformen, die vor allem die Exklusivität der Werbekunden herausstellen." [121] Denn mit einem klassischen Werbespot können die individuellen Möglichkeiten nicht vollkommen ausgeschöpft werden.

So gibt es das Splitscreening. „Dabei wird im Gegensatz zum […] Sponsoring ein ‚längerer' Werbespot, zwischen ca. 20 und 30 Sekunden, in einem zweigeteilten Bildschirm ausgestrahlt." [122] Darüber hinaus gibt es noch weit über zehn verschiedene Arten Werbung exklusiv zu vermarkten, wie zum Beispiel Wechsel-Split oder Single-Spot.

4. *Besonderheit Kinderlebensmittelwerbung*

In der Fernsehwerbung für Kinderprodukte wie Süßigkeiten werden oft Testimonials eingesetzt: Ob die deutsche Fußballnationalmannschaft für Nutella, Heidi Klum für die Joghurt Gums von Katjes oder Thomas Gottschalk für Haribo – alle lächeln am Ende in die Kamera.

„Das soll natürlich die Wahrnehmung der Eltern beeinflussen und deren Hemmschwelle zum Kauf senken. […].Die Eltern sollen denken, was der deutschen Nationalmannschaft gut tut, kann meinem Kind ja wohl nicht schaden." [123]

Darüber hinaus werben oft auch Maskottchen wie Monti für die Kinderprodukte von Zott.

Abbildung 13: Werbemaskottchen Monti [124]

---

[121] Huth, Rupert/ Pflaum, Dieter 2005, 125
[122] Huth, Rupert/ Pflaum, Dieter 2005, 125f
[123] http://www.uni-protokolle.de/nachrichten/id/133678/ [21.06.2010; 14.30 Uhr]
[124] http://www.zott.de/design/corporate_site/images/monti_ontour.jpg [21.06.2010; 14.37 Uhr]

Auch außerhalb des Fernsehspots werden die beworbenen Produkte kindgerecht angepriesen. So weisen Kinderprodukte oft typische Eigenschaften auf: Neben dem farbenfrohen, kindlichen Werbespot sind die Produkte selbst attraktiv aufgemacht. Sei es die bunte Verpackung die mit knalligen Farben lockt und somit aus der Masse heraussticht oder Sammelfiguren, die vor allem oft in Joghurtbechern zu finden sind. Darüber hinaus befinden sich oft auch Klebebilder in Form von Tattoos, Gewinnspiele, CD's, und ähnliches in den Verpackungen.

Kinderprodukte sind also nicht einfach nur verpackt, vielmehr ist die Verpackung wiederum verpackt. Der Reiz für Kinder könnte hierin in einer Art Überraschung liegen, wie sie zum Beispiel bei dem Öffnen von Geburtstagsgeschenken vorkommt.

Weiterhin weisen Kinderprodukte spezielle Formungen sowie Kindgerechte Portionen auf wie zum Beispiel der Joghurt von Monte Zott. Außerdem tragen die Produkte oft die Kennzeichnung Kinder oder ähnliches.

Die Lebensmittelindustrie hat für die Zielgruppe Kinder spezielle Produkte entwickelt. Folgende Angebote gibt es:

Bonbons, Eis, Schokoriegel, Cornflakes, Fruchtgummis, Milchprodukte, Fast Food, Kuchen, Soft Drinks.

Diese Angebotspalette spiegelt sich auch in den Werbespots wieder.

„In mehr als 30 Prozent der Fernsehwerbespots wird für Lebensmittel geworben, die unter ernährungsphysiologischen Gesichtspunkten als bedenklich einzustufen sind. Hinzu kommt die Werbung für Produkte, die als gesundheitsfördernd dargestellt werden, wie zum Beispiel probiotische Joghurts und Nahrungsergänzungsmittel." [125]

4.1 Kinder als Konsument

Auf Kinder und Jugendlichen prasseln stündlich eine Menge von Informationen aus dem täglichen Leben ein, die im heranwachsenden Gehirn verarbeitet werden müssen. Dabei spielen die Medien eine immer größer werdende Rolle. Ob im Bahnhof, in Shopping Centern oder in der Kneipe um die Ecke – kaum ein Ort, der heute nicht mehr ohne Fernsehgerät auskommt. Nicht zu vergessen die Kinderzimmer selbst, denn auch hier zieht der Fernseher immer früher ein. Zumal der Markt mit immer neuerer Technik wirbt: Sei es Flachbildschirm oder die Übertragung von HD-Fernsehen.

Auch wenn das Internet dem Medium Fernsehen stark Konkurrenz macht, so ist es auch bei älteren Kindern das Leitmedium schlechthin. Laut Jugend Information (Multi-) Media (JIM) 2009 sahen 68 Prozent der zwölf – bis 13-Jährigen täglich fern, das Internet oder Onlinedienste nutzen dagegen 41 Prozent. [126]

---

[125] http://www.verbraucher.de/download/KinderLM.pdf [21.06.2010; 14.19 Uhr]
[126] http://www.mpfs.de/fileadmin/JIM-pdf09/JIM-Studie2009.pdf [29.06.2010; 14.32 Uhr]

Abbildung 14: Fernsehzweitgeräte (Angaben in Prozent) [127]

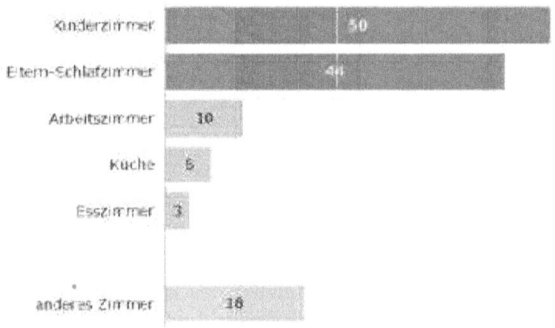

So nehmen schon Kinder im Säuglingsalter sehr früh Kontakt mit dem Fernseher auf. Denn war die gute Stube in der Vergangenheit für Kinder oft tabu, gehört dieser Raum heute zum Inbegriff des Familiengeschehens. Im Wohnzimmer wird gegessen, gespielt, über das Erlebte gesprochen und nicht zu vergessen – ferngesehen.

„Offenbar üben bewegte Bilder am TV-Schirm bereits für die Kleinsten einen besonderen Reiz aus. Die Sehhäufigkeit und die Sehdauer steigt spätestens vom dritten Lebensjahr bis zum Schulalter kontinuierlich an" [128]

Laut Kids Verbraucheranalyse 2009 bekamen die sechs- bis 13-Jährigen im Monat 21,87 Euro Taschengeld. Gegenüber 2008 ist dies ein Rückgang von 1,40 Euro. [129] Jedoch sind hier regelmäßige Barzuwendungen oder Geldgeschenke, wie es sie etwa zum Geburtstag oder zu Weihnachten gibt, nicht eingerechnet. Rechnet man diese Zahlen hoch, so kommen fast 2,5 Millionen Euro jährlich zusammen. [130] Aus der Kids Verbraucheranalyse 2009 geht außerdem hervor, dass die Zielgruppe zusammengerechnet weitere 3,6 Milliarden Euro auf dem Sparkonto hat. Kein Wunder also, dass die Zielgruppe der sechs- bis 13-Jährigen von der Industrie so umworben wird.

---

[127] http://www.ip-deutschland.de/ipd/loadfile.cfml?file=M9P%2EHP%29%2EGN%3D% 5FZUGT%2C%26U%25YBJQJCL%22%5DGK%5E%2DB3%2ESFI83NYN%3BEHIT%3C %23%2B9%5B9%26%2C%26%24VJ%0A%255%5D%26%2FOX%24%20%0A&type=appl ication%2Fpdf [02.07.2010; 21.22 Uhr]

[128] Pürer, Heinz 2003, 488

[129] http://www.dge.de/modules.php?name=News&file=article&sid=996 [21.06.2010; 13.24 Uhr]

[130] http://egmont-mediasolutions.de/pdf/services/studien/KVA09_Pressemitteilung.pdf [21.06.2010; 13.19 Uhr]

Kinder geben ihr Taschengeld bevorzugt für Süßigkeiten, Zeitschriften und Eis aus. [131]
Bei einer Umfrage der Kids Verbraucher Analyse aus dem Jahr 2004 kam heraus, dass Eltern die Konsumentscheidungen ihrer Kinder (der sechs- bis 13-Jährigen) dominieren. Dies gilt vor allem für die Bereiche: Abends lange aufbleiben (45 Prozent dürfen selten lange aufbleiben), allein weggehen und heimkommen wann das Kind will (78 Prozent der befragten Kinder dürfen das nie), Allein ohne Aufsicht im Internet surfen (72 Prozent der befragten Kinder dürfen das nie) oder allein Sachen zum Anziehen kaufen (57 Prozent der Kinder dürfen das nie und 27 Prozent selten).
Wie sieht es im Bereich der Lebensmittel aus? Auf die Frage ‚Darfst du Süßigkeiten kaufen, soviel du magst?' antworteten immerhin 27 Prozent der teilnehmenden Kinder mit oft, 38 Prozent mit selten.

Abbildung 15: Übersicht Konsumentscheidungen [132]

Eltern dominieren Konsum-Entscheidungen der 6- bis 13-Jährigen
Angaben in Prozent

Das befragte Kind/der befragte Jugendliche darf.....	Immer/ fast immer	oft	Selten	nie	Keine Angabe
Abends aufbleiben, solange es/er will	1	10	45	44	0
Allein weggehen und heimkommen, wann es/er will	0	3	19	78	0
Süßigkeiten kaufen, soviel es/er mag	10	27	38	25	0
Lebensmittel für den Haushalt einkaufen und selbst entscheiden	3	21	40	36	0
Sich so kleiden, wie es ihm gefällt	23	45	21	11	1
Allein Sachen zum Anziehen kaufen	3	13	27	57	0
Sich – ohne dass die Eltern dabei sind – etwas kaufen, das teurer als 50 Euro ist	1	6	17	76	1
Selbst bestimmen, wie sein Zimmer eingerichtet ist	28	35	20	17	0
Allein ein Restaurant wie McDonald's, Burger King, Pizza Hut u.ä. besuchen	6	14	30	49	1
Allein ohne Aufsicht im Internet surfen	4	8	17	72	1

---

[131] http://egmont-mediasolutions.de/pdf/services/studien/KVA09_Pressemitteilung.pdf [21.06.2010; 13.19 Uhr]
[132] http://www.zaw.de/doc/Positionspapier_Lebensmittel_200805.pdf [02.07.2010; 21.24 Uhr]

4.1.1 Fernsehverhalten von Kindern und Jugendlichen

Mit dem Beginn der privaten Sender nahm in den achtziger Jahren der Fernsehkonsum von Personen über 14 Jahren langsam zu. Auffällig hier, dass es bei den sechs – bis 13-Jährigen jedoch anfangs nicht stieg beziehungsweiße sogar gefallen ist.

Tabelle 1: Täglicher Fernsehkonsum [133]

Sehdauer in Minuten	1985	1986	1987
Kinder 6 -13 Jahre	92	92	88
Personen über 14 Jahre	147	149	154

Dies könnte damit zusammenhängen, dass Fernsehgeräte noch recht teuer waren und wie bereits erwähnt das Wohnzimmer für Kinder nicht ausnahmslos zugelassen war.
Außerdem gab es in dieser Zeit noch keine vollwertigen Kindersender. So lockte die Natur mit mehr Spannung und Abenteuern als der heimische Fernseher.

---

[133] Benz, Wolfgang (Kultur) 1989, 454

Tabelle 2: Entwicklung der Fernsehnutzung bei Kindern 1995 bis 2009[134]

	1995	2000	2005	2006	2007	2008	2009	Index 2009 {2008 2009} = 100}	Index 95/09 {1995 = 100}
Seher in Prozent/ Tag									
3 – 13 Jahre	60	62	59	59	58	56	57	101	94
3 – 5 Jahre	56	57	54	54	54	53	52	99	93
6 – 9 Jahre	60	62	59	59	57	55	58	105	97
10 – 13 Jahre	65	65	62	62	60	59	58	99	89
Personen ab 14 J.	72	74	75	75	73	72	73	101	101
Sehdauer in Minuten/ Tag									
3 – 13 Jahre	95	97	91	90	87	86	88	103	93
3 – 5 Jahre	74	76	71	73	73	71	71	100	96
6 – 9 Jahre	92	96	86	85	83	80	86	108	94
10 – 13 Jahre	114	111	108	106	101	100	102	101	89
Personen ab 14 J.	186	203	226	227	223	221	226	102	121
Verweildauer in Minuten/ Tag									
3 – 13 Jahre	152	152	147	146	144	145	149	102	98
3 – 5 Jahre	127	128	123	127	125	126	128	102	101
6 – 9 Jahre	149	150	140	138	138	137	141	103	95
10 – 13 Jahre	172	167	168	165	162	164	168	103	98
Personen ab 14 J.	255	272	296	299	299	301	306	102	120

Im Jahr 2008 hatte der Fernsehkonsum der drei – bis 13-Jährigen mit 56 Prozent einen historischen Tiefstand der letzten 15 Jahre erreicht. 2009 konnten wieder etwas mehr Kinder erreicht werden – 57 Prozent. Auch die Seh– und Verweildauer ist im Vergleich zu 2008 wieder leicht angestiegen.

---

[134] http://www.media-perspektiven.de/uploads/tx_mppublications/04-2010_Feierabend.pdf
[21.06.2010; 12.50 Uhr]

Auffällig: Im Vergleich zu 2008 haben sich zwar alle Rahmengrößen leicht erhöht, jedoch zeigt sich insgesamt eine Reduzierung der Fernsehnutzung durch Kinder. Bei Personen ab 14 Jahren sieht es dagegen anders aus: Hier haben sich sowohl die Seh– als auch die Verweildauer in den letzten 15 Jahren um ein Fünftel erhöht. Betrachtet man die einzelnen Altersstufen differenziert, haben vor allem die Sechs- bis Neunjährigen den Konsum ausgeweitet.

Anders als Alter und Bundesland, spielen Geschlecht kaum noch eine Rolle. [135] Einen erheblichen Einfluss auf die Nutzung hat aber vor allem das Vorhandensein eines Fernsehgeräts im Kinderzimmer. Mit eigenem Gerät „unterliegen Kinder sehr viel weniger inhaltlichen und zeitlichen Restriktionen." [136] 2009 wiesen Kinder mit eigenem Fernsehapparat nicht nur eine höhere Tagesreichweite auf, auch die Nutzungsdauer war stärker ausgeprägt als bei Kindern ohne eigenes TV-Gerät. [137]

Tabelle 3: Vergleich der Fernsehnutzung mit und ohne eigenes TV-Gerät [138]

	Sehdauer in Min./ Tag	Seher in %/ Tag	Verweildauer in Min./ Tag
Kinder mit eigenem TV-Gerät	124	60	199
Kinder ohne eigenes TV-Gerät	79	56	135
3-5 Jährige mit eigenem TV-Gerät	121	60	194
3-5 Jährige ohne eigenem TV-Gerät	64	51	118
6-9 Jährige mit eigenem TV-Gerät	120	60	194
6-9 Jährige ohne eigenem TV-Gerät	81	58	132
10-13 Jährige mit eigenem TV-Gerät	125	60	201
10-13 Jährige ohne eigenem TV-Gerät	90	57	152

---

[135] http://www.media-perspektiven.de/uploads/tx_mppublications/04-2010_Feierabend.pdf [29.06.2010; 15.14 Uhr]

[136] http://www.media-perspektiven.de/uploads/tx_mppublications/04-2010_Feierabend.pdf [29.06.2010; 15.35 Uhr]

[137] Vergleich Tabelle

[138] http://www.media-perspektiven.de/uploads/tx_mppublications/04-2010_Feierabend.pdf [29.06.2009; 15.21 Uhr]

„Mit gut zwei Stunden sahen Kinder mit eigenem Fernseher im Schnitt [45 Minuten] länger fern als Kinder ohne eignes Gerät. Die Verweildauer lag sogar um eine gute Stunde höher." [139] Dementsprechend stärker ist auch die Werbeaufnahme dieser Kinder.

Doch zu welchen Zeiten schauen Kinder eigentlich fern? Ein Blick auf die Fernsehnutzung von Kindern und Erwachsenen im Tagesverlauf 2009 zeigt überraschendes: Denn entgegen der langläufigen Meinung, Kinder schauen meist nachmittags fern, sieht die Realität anders aus. Die Kernfernsehzeit, bei der mindestens 15 Prozent der Kinder fernsehen lag 2009 zwischen 18.30 Uhr und 20.45 Uhr. [140]

Abbildung 16: Fernsehnutzung von Kindern und Erwachsenen im Tagesverlauf 2009 [141]

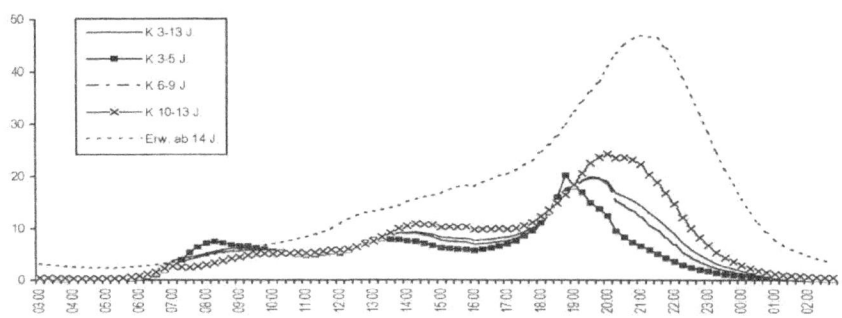

Bei einem Blick auf die Senderpräferenzen wird deutlich, bei welchem Sender die Kinder ihre Fernsehzeit verbringen. Super RTL lag wie in den vergangenen Jahren auch 2009 vorn: Von 88 Minuten durchschnittlicher Sehdauer fielen 19 Minuten auf Super RTL (21,3 Prozent Marktanteil) und 14 Minuten auf den Kl.KA (15,5 Prozent). [142] Nickelodeon (9,5 Prozent), RTL (9,1 Prozent) und ProSieben (9,2 Prozent) kamen auf jeweils acht Minuten Sehdauer. [143]

Doch liegt hier das Problem? Super RTL ist bei der Zielgruppe äußerst beliebt, kommt aber als privater Sender nicht ohne Werbemaßnahmen aus.

---

[139] http://www.media-perspektiven.de/uploads/tx_mppublications/04-2010_Feierabend.pdf [29.06.2010; 15.38 Uhr]
[140] Vergleich Tabelle
[141] http://www.media-perspektiven.de/uploads/tx_mppublications/04-2010_Feierabend.pdf [29.06.2010; 20.21 Uhr]
[142] http://www.media-perspektiven.de/uploads/tx_mppublications/04-2007_Feierabend.pdf [29.06.2010; 20.36 Uhr]
[143] http://www.media-perspektiven.de/uploads/tx_mppublications/04-2007_Feierabend.pdf [29.06.2010; 20.56 Uhr]

Acht Prozent der Nutzungszeit gehen auf das Konto der Werbung – in der Zielgruppe der drei – bis 13-Jährigen sind das 2009 immerhin 32 Stunden reine Werbezeit. [144] Doch die Jüngsten lieben auch die Werbung. Für sie ist es quasi ein virtuelles Schaufenster. Es wird gezeigt was neu und modern ist. Somit weckt die Werbung Kinderwünsche.

Abbildung 17: Warum Kinder Werbung mögen [145]

[144] http://www.media-perspektiven.de/uploads/tx_mppublications/04-2007_Feierabend.pdf [29.06.2010; 20.36 Uhr]
[145] http://www.ip-deutschland.de/ipd/loadfile.cfml?file=M9P%2EHP%29%2EGN%3D%5 FZUGT%2C%26UIY%40K%5D%5CF%3ER%40O%2B%5E%3CDB%3E0DH%5C%26I8 VTEIMJ%20C%275%5C9%2E%3A%25%25%26Z%0A%265YC1JX%2E%29%0A&type= application%2Fpdf [02.07.2010; 21.32 Uhr]

4.1.2 Lebensmittelspots in der Kinderwerbung

Es ist zu verzeichnen, dass der Anteil der Lebensmittelspots nicht den Löwenanteil der Werbung ausmacht. Beim Sender Super RTL geht 2007 nur knapp ein Viertel der Werbung auf das Konto für Lebensmittel.

Abbildung 18: Durchschnittliche Anzahl der Werbespots bei Super RTL pro Stunde [146]

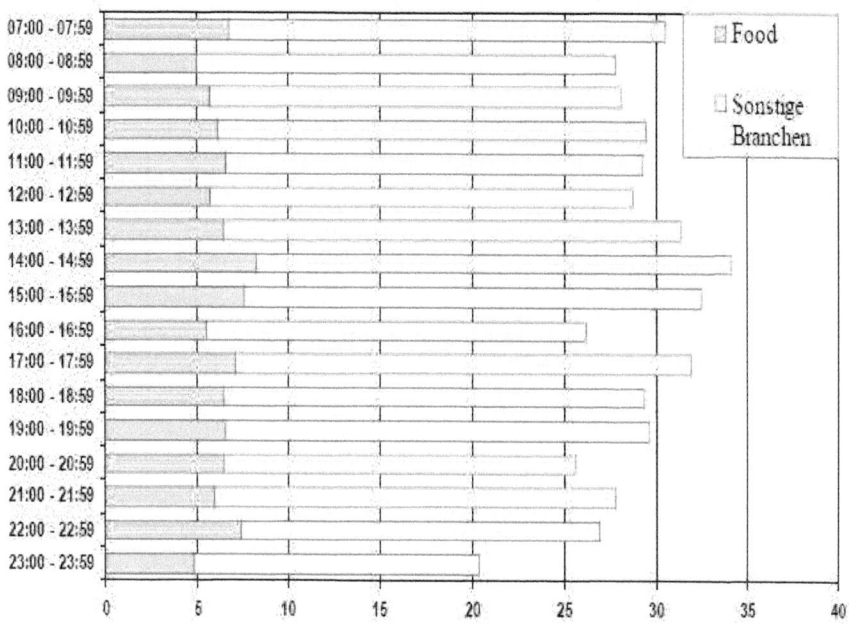

Zu einem ähnlichen Ergebnis kam eine Forschungsgruppe: Diese untersuchte zwischen Juni und Juli 2005 anhand von acht Sendern zwischen 13 und 20 Uhr sowie acht und 20 Uhr am Wochenende 11726 Werbespots. [147]
„Davon waren 36,5 [Prozent] Lebensmittelwerbung [...]. Allerdings richtet sich nur ein Anteil von [zehn Prozent] der erfassten Gesamtwerbung an Kinder." [148]

---

[146] http://www.superrtl.de/Portals/0/Mediadaten/08_Diehl_Ernaehrung.pdf [12.072010; 12.02 Uhr]

[147] http://www.sofia-darmstadt.de/fileadmin/Dokumente/Sonstige/Lebensmittelwerbung.pdf [12.07.2010; 14.24 Uhr]

[148] http://www.sofia-darmstadt.de/fileadmin/Dokumente/Sonstige/Lebensmittelwerbung.pdf [12.07.2010; 14.26 Uhr]

Abbildung 19: Erfasste Anzahl der Werbespots [149]

	Anzahl der Spots	Prozent
Werbung gesamt	11726	100%
Davon Lebensmittel	4279	36,5%
Davon mit Gesund-heitsbezug	1568	13,4%
Davon an Kinder ge-richtet	332	2,8%

Abbildung 20: Fernsehwerbung nach Sendern [150]

Sender	In einer Woche erfasste Spots (im angegebe-nen Zeitraum)	Lebensmittel-werbung	Davon Ziel Kind	Davon mit gesund-heitsbezo-genem Inhalt
ARD	399	34,3%	4,5%	1%
ZDF	245	21%	1,6%	0%
VOX	1497	33%	3%	0,9%
SAT 1	1933	34,9%	4,5%	1,5%
RTL	2129	41%	6,7%	2,3%
RTL2	2033	31%	13,7%	3,9%
Super RTL	1583	36,7%	28,7%	6,2%
Pro 7	1902	43,7	7,3%	3,1%

Beim Blick auf die einzelnen Sender wird jedoch deutlich, dass es unterschiedliche Schwerpunkte gibt. Der Sender RTL liegt mit 2129 Werbespots deutlich vor Super RTL. Dies könnte mit den Jugendschutzbestimmungen zusammenhängen (siehe Punkt 4.2).

---

[149] http://www.sofia-darmstadt.de/fileadmin/Dokumente/Sonstige/Lebensmittelwerbung.pdf
[12.07.2010; 14.28 Uhr]
[150] http://www.sofia-darmstadt.de/fileadmin/Dokumente/Sonstige/Lebensmittelwerbung.pdf
[12.07.2010; 14.40 Uhr]

Auffällig ist aber, dass der Anteil der an Kinder gerichteten Werbung beim Kinder-sender Super RTL (28,7 Prozent) und RTL II (13,7 Prozent) am größten ist. Bei ARD, ZDF und VOX finden sich dagegen weniger Werbespots für Kinder. Der Anteil der Lebensmittelwerbung ist insgesamt bei Pro7 am größten.

Super RTL liegt, wenn es sich um an Kinder gerichtete Werbung mit gesundheitsbe-zogenem Inhalt handelt, mit 6,2 Prozent deutlich an der Spitze.

Jedoch können die beworbenen Produkte mit gesundheitsbezogenem Inhalt nicht wirklich für das Wachstum und die Entwicklung von Kindern gesund sein.

Die Deutsche Gesellschaft für Ernährung e.V. stellte in einem Bericht 2000 die Wer-beanteile der Produktgruppen vor: Nur drei Prozent fallen dabei auf Obst und Gemüse.

Abbildung 21: Food-Werbung für die Zielgruppe Kinder und Jugendliche [151]

Produktgruppen	Spots %	Produktgruppen	Spots %
Cerealien	20	Milchprodukte	7
Schokoladenprodukte Riegel, Pralinen	14	Limonade	4
Eis	10	Obst, Gemüse	3
Fast Food	10	Fischgerichte	2
Fruchtgummi, Lakritz Bonbons	9	andere Getränke	2
Milchschnitten u.ä.	9	Schokolade	2
Salzige Snacks	8	Sonstiges	1

„Auch wenn prozentual gesehen nur etwa ein Viertel der Werbung auf Lebensmittel fällt und davon nur einige einen gesundheitsbezogenen Inhalt haben, der sich negativ auswirken könnte, bleibt doch eine Botschaft auch hängen, wenn sie wieder-holt rezipiert wird." [152]

---

[151] http://www.superrtl.de/Portals/0/Mediadaten/08_Diehl_Ernaehrung.pdf [12.07.2010; 12.06 Uhr]

[152] http://www.sofia-darmstadt.de/fileadmin/Dokumente/Sonstige/Lebensmittelwerbung.pdf [12.07.2010; 14.24 Uhr]

An einem normalen Tag der Woche sehen Kinder mit eigenem Fernsehgerät durchschnittlich 124 Minuten am Tag fern. [153]
Damit konsumieren sie über 100 Werbespots. [154] Darunter fallen immerhin noch etwa 20 bis 25 Werbespots für Lebensmittel. [155] Über die Woche verteilt sehen Kinder im Durchschnitt damit 700 Werbespots[156], darunter 150 für Food-Produkte. [157]
Um Kinder und Jugendliche vor Werbung und damit vor einer Reizüberflutung zu schützen wurden gesetzliche Regeln verabschiedet.

4.2 Rechtliche und selbstdisziplinarische Bestimmungen

Um Kinder und heranwachsende Jugendliche zu schützen gelten folgende Regelungen für die Werbung von Kindersendungen:
Grundsätzlich gilt, dass Übertragungen von Kindersendungen „nicht durch Werbung oder Teleshopping-Spots unterbrochen werden" [158] dürfen. Um die Jüngsten nicht von vornherein auf Marken zu trimmen, ist laut RStV §7a(6) das Zeigen von Sponsorenlogos in Kindersendungen untersagt. Außerdem darf Werbung, eingeschlossen natürlich die Lebensmittelwerbung, nicht irreführen, den Verbraucherinteressen nicht schaden, sowie die Unwissenheit der Kinder nicht ausnutzen.
Generell gilt für den öffentlich-rechtlichen sowie den privaten Rundfunk in Deutschland, die inhaltliche und redaktionelle Trennung von Programm und Werbung. „Aus diesem Grund wird die Werbung optisch und akustisch vom übrigen Programm, z.B. durch Inserts [...] getrennt." [159]
Jedoch ist hier anzumerken, dass sich das Gehirn von Kindern und damit das Verständnis noch in der Entwicklung befinden. Die Kinderwerbung ist auf die Fähigkeiten und Bedürfnisse der Kleinsten zugeschnitten und natürlich auch auf ihr Fernsehverhalten.

„Die Jüngsten sehen am liebsten vermenschlichte Tiere, wie sie in Comics, Cartoons und Vorschulserien gezeigt werden. [...]. Schulkinder wenden sich Helden zu, die ihnen als Vorbilder für die Rollensozialisation dienen können. Teenager haben ein meist ausgeprägtes Interesse an Sitcomes, Jugend- und Beziehungsfilmen." [160]

---

[153] Vergleich Tabelle 3
[154] http://www.sofia-darmstadt.de/fileadmin/Dokumente/Sonstige/Lebensmittelwerbung.pdf [12.07.2010; 15.28 Uhr]
[155] http://www.sofia-darmstadt.de/fileadmin/Dokumente/Sonstige/Lebensmittelwerbung.pdf [12.07.2010; 15.28 Uhr]
[156] http://www.sofia-darmstadt.de/fileadmin/Dokumente/Sonstige/Lebensmittelwerbung.pdf [12.07.2010; 15.28 Uhr]
[157] http://www.sofia-darmstadt.de/fileadmin/Dokumente/Sonstige/Lebensmittelwerbung.pdf [12.07.2010; 15.28 Uhr]
[158] Rundfunkstaatsvertrag §7a (1)
[159] Schneider, Karl 1997, 610
[160] Schneider, Karl 1997, 488f

Es ist aber festzuhalten, dass

„Kinder bis zum sechsten Lebensjahr [...] Fernsehinhalte anders als Erwachsene [verarbeiten]. Erst etwa ab dem siebten bis neunten Lebensjahr haben Kinder ihre Fähigkeit so weit entwickelt, dass ein ähnliches Verständnis von Fernsehsendungen zwischen Kindern und Eltern vorausgesetzt werden kann."[161]

Auch wenn also bei Kindersendungen wie TOGGO oder TOGGOLINO ein deutliches ‚und jetzt kommt die Werbung' zu hören ist, muss in Anbetracht der kindlichen Entwicklung von bis Sechsjährigen angenommen werden, dass nicht jedes Kind dieses auch so wahrnimmt. Weiterhin ist auszuführen, dass nicht alle Kinder so entwickelt sind, wie es dem Alter entsprechen würde.

Was Fernsehwerbung darf: Fernsehwerbung darf in Blöcken zwischen einzelne Sendungen eingefügt werden.

Bei den Privaten können somit Kino und TV-Filme, ausgenommen Serien und Reihen, für Werbeeinschaltungen unterbrochen werden, „wenn die Filme länger als 45 Minuten dauern. Ab bestimmten Längen kann zusätzlich weiter unterbrochen werden."[162] Also eine Unterbrechung bis 89 Minuten, zwei Unterbrechungen bis 119 Minuten und „ab 120 Minuten pro 45 Minuten eine weitere [Unterbrechung]."[163]

Für die privaten Sender darf weiterhin die Dauer der Werbung „20 Prozent der täglichen Sendezeit, die der Spotwerbung 15 Prozent nicht überschreiten. Auch hier gilt die Einschränkung auf zwölf Minuten Werbesendezeit pro Stunde."[164]

Bei den öffentlich-rechtlichen Programmen der ARD und des ZDF beträgt die Gesamtdauer der Werbung höchstens 20 Minuten werktäglich im Jahresdurchschnitt.[165]

Dabei gilt: An Sonn- und Feiertagen, sowie nach 20.00 Uhr ist die Ausstrahlung von Werbung unzulässig. Dies ist im RStV geregelt.

Im Hinblick auf Kinder und Jugendliche ist das nicht unwichtig, da beide Sender auch Kindersendungen/ -filme (meist am Wochenende) zeigen.

In den Kulturkanälen von ARD (3sat und Arte) sowie den dritten Programmen darf keine Werbung ausgestrahlt werden.

Teleshopping ist bei den Privaten eine Stunde am Tag erlaubt, bei den öffentlich-rechtlichen Sendern dagegen von vornherein nicht zulässig.

---

[161] Pürer, Heinz 2003, 488
[162] Schneider, Karl 1997, 610
[163] Schneider, Karl 1997, 610
[164] Schneider, Karl 1997, 611
[165] Rundfunkstaatsvertrag §16 (1)

5. Vorstellung des Produktes Zott Monte Drink

Der Monte Drink gehört zum Unternehmen der Zott GmbH & Co. KG. Das Unternehmen existiert seit 1926 [166] und gehört zu den zehn größten Molkereibetrieben in Deutschland. Zott stellt vorwiegend Milchprodukte her. Monte bildet dabei eine Familienmarke von Zott.

Abbildung 22: Dachmarke Zott [167] [168]

[166] http://www.zott.de/index.php/zott/dt/wir_ueber_uns [01.07.2010; 14.40 Uhr]
[167] http://www.zott.de/index.php/zott/dt/unsere_marken [01.07.2010; 14.40 Uhr]
[168] http://www.zott.de/index.php/zott/dt/unsere_marken/weitere_produkte [01.07.2010; 14.50 Uhr]

Mit den Monte Einzelmarken hat sich das Unternehmen auf Kinder und Jugendliche spezialisiert. Der Monte Drink ist ein Haselnuss-Milchgetränk und laut Unternehmen „genau der richtige Proviant für unterwegs."[169] Zott beschreibt auf der eigenen Internetseite sein Produkt wie folgt:

> „Zott Monte, die beliebte Zwischenmahlzeit, gibt es jetzt auch als leckeren Drink. Zott Monte Drink ist aus viel frischer Milch, Schokolade und dem Besten der Haselnuss zubereitet und schmeckt herrlich frisch und haselnussig."[170]

Abbildung 23: Nährwertangaben Monte Drink [171]

100 ml Monte Drink enthalten durchschnittlich:
Energie 346 kJ / 82 kcal
Eiweiß 2.7 g
Kohlenhydrate 12.9 g
davon Zucker 11.6 g
Fett 2.1 g
davon gesättigte Fettsäuren 1,4 g
Ballaststoffe 0,1 g
Natrium 0.07 g
Calcium 120 mg
BE 1

5.1 Corporate Design

Wie die Werbebilder, so spielt auch das Aussehen des Produktes selber eine entscheidende Rolle. Ziel des Unternehmens ist es, dass das Produkt sich als Marke etabliert und der Konsument das Produkt auch als eigene Marke wahrnimmt.

Dabei spielt das Corporate Design (CD) eine entscheidende Rolle, denn es bildet einen der wichtigsten Bausteine zum Aufbau der Marke. Mit dem CD ist das Produkt für den Konsumenten am deutlichsten wahrnehmbar und für den Kunden von anderen Produkten unterscheidbar. Dabei ist die Einheitlichkeit in allen Design-Elementen wohl das wichtigste Kriterium. Besonders bei Kindern spielt dies eine Rolle, da die Jüngsten noch nicht lesen können. Logo und Verpackung müssen daher immer gleich sein.

---

[169] http://www.monte.eu/de/gut-drin/monte [01.07.2010; 15.44 Uhr]

[170] http://www.zott.de/index.php/zott/dt/unsere_marken/monte__1/monte_drink/monte_drink/ (contentview)/overview [01.07.2010; 15.49 Uhr]

[171] http://www.monte.eu/de/gut-drin/monte [01.07.2010; 15.56 Uhr]

Wie wichtig es ist, dass das Produkt von der Zielgruppe wahrgenommen wird, zeigt eine Studie von Brigitte Melzer-Lena aus dem Jahr 1999: Die Kinder sind in einem noch nicht lesefähigen Alter, jedoch erkannten weit über 50 Prozent der Teilnehmer den Milka-Schriftzug und weitere wieder.

Abbildung 24: Markenlogo Kenntnis der drei- bis vier-jährigen Kinder [172]

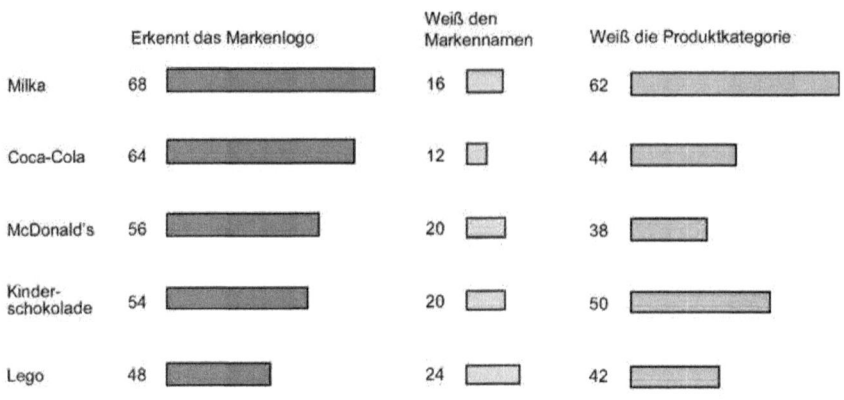

n=100, Angaben in Prozent.

Der Monte Drink befindet sich in einer weißen 200 Milliliter Plastikflasche, diese ist mit einer bedruckten Folie umschlossen. Die Flasche ist mit einem roten Schraubverschluss leicht zu öffnen. Wichtig vor allem für die junge Zielgruppe, da die motorischen Fähigkeiten der Kinder oftmals noch in der Entwicklung stecken.
Die Farbe Rot ist eine der auffälligsten Farben und dient in Kombination mit Weiß oft als Signalfarbe. Auf der Folie sind typische Lebensmittel und Symbole zu finden, wie es sie auch bei anderen Milchprodukten gibt: Die Milchkanne, Hasselnüsse, ein grünes Blatt und Schokoladenstücke.

---

[172] www.chbeck.de/downloads/Leseprobe_3-8006-3025-7_Esch.pdf [30.07.2010; 11.56 Uhr]

Abbildung 25: Monte Drink [173]

Die Milchkanne ist eigentlich ein Relikt aus früheren Zeiten, doch für die Werbeindustrie ein beliebtes Symbol. So suggeriert die gießende Milchkanne dem Konsumenten, vor allem den Eltern, die Verwendung frischer Vollmilch sowie weiterer natürlicher Zutaten wie Nüsse und Kakao. Der Rest der Folie ist braun gehalten beziehungsweise mit Zutaten, Nährwertangaben, etc.

Der Schriftzug Monte ist auf den Verpackungen stets in blauen Kleinbuchstaben gedruckt. Auf Nachfrage zum verwendeten Schriftzug reagierte das Unternehmen nicht.

Abbildung 26: Monte Schriftzug [174]

Auffallend: Auch andere Milchprodukte setzen vielfach auf blaue Schriftzüge. Als Beispiel der Nesquik Snack aus dem Hause Nestle, Kinder Pingui von Ferrero oder Müllermilch von Müller.

---

[173] http://www.zott.de/index.php/zott/dt/unsere_marken/monte__1/monte_drink/monte_drink [01.07.2010; 13.41 Uhr]
[174] http://www.monte.eu/ [02.07.2010; 13.11 Uhr]

Abbildung 27: Verpackung Nesquik Snack [175]

Abbildung 28: Verpackung Kinder Pingui [176]

Abbildung 29: Verpackung Müllermilch [177]

---

[175] http://imagesa.ciao.com/ide/images/products/normal/624/Kinder_Pingui_Dessert
_Genuss__8241624.jpg [02.07.2010; 13.56 Uhr]
[176] http://imagesa.ciao.com/ide/images/products/normal/624/Kinder_Pingui_Dessert
_Genuss__8241624.jpg [02.07.2010; 13.56 Uhr]
[177] http://www.monte.eu/ [02.07.2010; 13.11 Uhr]

Monte ist spanisch und bedeutet übersetzt Berg. Die Schriftart ist in kindlicher Art gehalten.

Bei dem Milch-Misch-Getränk kommt der englische Ausdruck für Getränk – ‚DRINK' - hinzu. Dieser ist im knalligen gelb-orange-Ton gehalten. Damit bildet sich schon allein von der Sprache her ein Kontrast. Dabei wirkt das kurze, hippe Wort ‚Drink' sicherlich stärker auf die Zielgruppe der drei- bis 13-Jährigen als der lange, träge, deutsche Begriff Getränk. Über dem Produktnamen steht die Dachmarke Zott. Die Wahrnehmung seitens des Konsumenten, vor allem der Kinder wird letztendlich durch die Farbkontraste erhöht: Beim Monte Drink lässt sich ein Komplementär-Kontrast sowie ein Kalt-Warm-Kontrast erkennen. Der Kalt-Warm-Kontrast hat „seinen Ursprung in der emotionalen Verknüpfung von Farben und Erlebnissen, [dadurch] wirkt er unbewusst und direkt"[178] auf den Konsument.

> „Gelbtöne werden als impulsiv, liebevoll, aufregend, fröhlich und herzlich empfunden. Rottöne werden in der Regel als aufregend, gesellig, abenteuerlustig und stark aufgefasst. Dagegen wirken die Töne von Grün und Blau als ruhig, friedlich, kalt und beruhigend."[179]

Mit den Farbsystemen werden dem Verbraucher gezielt verschiedene Wertesysteme vermittelt. Doch vor allem Kinder können sich dagegen kaum wehren. Für sie ist es wichtig, ihr Lieblingsprodukt wiederzuerkennen. Dabei helfen die bunten Farben und die Logos.

5.2 Werbeversprechen

Die Werbung verspricht, dass der Monte Drink aus „viel frischer Milch, Schokolade und dem Besten der Haselnuss zubereitet"[180] ist. In der Fernsehwerbung wirbt das Unternehmen mit dem Fantasiewesen Monti. Gemeinsam mit diesem bestehen Kinder Abenteuer. Die Kinder sind wiederum echte Menschen, keine computeranimierten Wesen. Die Werbung verspricht Spaß und Abenteuer mit Freunden, denn der Monte Drink kann überall mit hingenommen werden. Er ist ideal für unterwegs.

---

[178] http://lehrerfortbildung-bw.de/kompetenzen/gestaltung/farbe/kontrast/w-k-kon/ [02.07.2010; 14.10 Uhr]

[179] http://www.foerderland.de/fachbeitraege/beitrag/Nutzen-und-Wirkung-der-Farben-fuer-Mensch-und-Marke/49a4a4900e/ [02.07.2010; 14.21 Uhr]

[180] http://www.zott.de/index.php/zott/dt/unsere_marken/monte__1/monte_drink/monte_drink/(contentview)/overview [02.07.2010; 18.42 Uhr]

6. *Vorstellung Produkt Milch-Schnitte*

Die Milch-Schnitte ist ein Produkt des Süßwarenherstellers Ferrero. Ferrero ist ein international tätiger italienischer Süßwarenhersteller. Der Konditor Pietro Ferrero gründete 1946 in Alba/ Piemont (Italien) das Unternehmen nach seinen Nachnamen.[181]

Ferrero dient als Dachmarke zahlreicher Produkte, so auch der Milchschnitte.

Die Milchschnitte gibt es seit 1978. [182] Damals wurde der Snack noch unter dem Namen Kinder Milch-Schnitte geführt, jedoch wirbt der Hersteller seit geraumer Zeit nur mit Milch-Schnitte. Die Milch-Schnitte wird vom Hersteller als Zwischenmahlzeit beworben, „die mit dem Besten aus Eiern und Butter, sowie Weizen, Honig und viel frischer Vollmilch gemacht ist. Milch-Schnitte schmeckt leicht und belastet nicht." [183]

Folgende Nährwertangaben liegen dem Produkt zu Grunde: Energiewert 1739 kJ (417 kcal), 27,3 Gramm Fett, 34,5 Gramm Kohlenhydrate, 9,3 Gramm Proteine und 0,9 Gramm Ballaststoffe. Diese Angaben beziehen sich auf 100 Gramm.

---

[181] http://www.ferrero.de/ferrero2.aspx [01.07.2010; 16.18 Uhr]
[182] http://www.milchschnitte.de/ [01.07.2010; 16.29 Uhr]
[183] http://www.ferrero.de/#/ms [01.07.2010; 16.37 Uhr]

Abbildung 30: Ferrero als Dachmarke [184]

Ferrero als Dachmarke

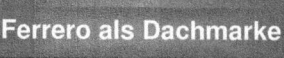

Familienmarken von Ferrero:

duplo · Milch-Schnitte · Raffaello · MON CHERI · Yogurette · nutella · hanuta · GIOTTO · kinder

Einzelmarke (Produktmarke/ Monomarke):

kinder:
- Kinder Pingui
- Kinder Maxi King
- Kinder Choco Fresh
- Kinder Bueno
- Kinder Country
- Kinder Friends
- Kinder Happy-Hippo-Snack
- Kinder Joy(Mai – Juli)
- Kinder Maxi King
- Kinder Schokolade
- Kinder Riegel
- Kinder Schoko-Bons

nutella:
- nutella
- nutella & GO

Ferrero:
- Die Besten
- Ferrero Küsschen
- Ferrero Garden
- Ferrero Cappuccino
- Ferrero Rednoir

[184] http://www.monte.eu/ [02.07.2010; 13.11 Uhr]

6.1 Corporate Design

Der Name der Milchschnitte erschließt sich aus ihrer sandwichartigen Gestalt: Sie besteht aus einer Milchcremezubereitung, diese wird von zwei braunen Teigplatten umschlossen. Quasi eine Schnitte mit Milch.

Abbildung 31: Verpackungsdesign Milch-Schnitte [185]

Die Verpackung ist in schlichtem rot-weiß gestaltet. Jedoch ist die Farbe Rot eine der auffälligsten Farben und dient in Kombination mit weiß als Signalfarbe. Eben durch diese Kombination wird der psychologische Effekt noch einmal verstärkt – die Milchschnitte buhlt geradezu um die Aufmerksamkeit des Konsumenten.
Die weiße Verpackungshälfte nimmt knapp zwei Drittel des Platzes ein. Der Übergang zum knalligen Rot ist in einer wellenähnlichen-tropfigen Form gestaltet, als ob jemand gerade Milch umrührt.
Auf der rechten Seite sieht der Betrachter eine angebissene Milchschnitte, die typische Milchkanne, ein Honigglas und Getreidehalme.
Links befindet sich der blaue Schriftzug mit dem ebenfalls in blau gestalteten Hinweis ‚mit Milch und Honig'. Was abgebildeten bereits zu sehen ist, wird hier noch einmal in Worte gefasst.
Auffällig an dem Slogan: Der Name ist durch ein Bindestrich getrennt.

Abbildung 32: Milch-Schnitte Schriftzug [186]

---

[185] http://www.monte.eu/ [02.07.2010; 13.11 Uhr]
[186] http://www.monte.eu/ [02.07.2010; 13.11 Uhr]

Durch den jeweils einen großen Anfangsbuchstaben entstehen quasi zwei Worte. Das Wort Schnitte gewinnt durch die Großschreibung so mehr an Bedeutung und Beachtung. Mit Schnitte verbinden vor allem deutsche Bürger eine vollwertige, gesunde Ernährung, eine Schnitte ist schnell und einfach zuzubereiten. Jedoch ist diese Art der Rechtschreibung kaum bekannt, was für ein nicht einheitliches CD spricht. Selbst der Suchmaschinengigant Google hat bei Eingabe der richtigen Schreibweise Probleme. Auf den firmeneigenen Webseiten wird der Name zwar geschrieben, wie er auf dem Produkt steht, jedoch ist mit der zusammengeschriebenen Internetadresse www.milchschnitte.de die Verwirrung perfekt.

Abbildung 33: Suchergebniss Milch-Schnitte [187]

Trotzdem hat sich die Milch-Schnitte als Marke gefestigt.

6.2 Werbeversprechen

Das Werbeversprechen der Milch-Schnitte: ‚Schmeckt leicht; Belastet nicht; Ideal für Zwischendurch'. Mit diesem Slogan wirbt das Unternehmen seit 2010 für die Milch-Schnitte.
Davor waren folgende Werbesprüche angesagt:

Tabelle 4: Milch-Schnitte Slogan [188]

1996	Die kleine Milch-Mahlzeit
2003	Und man bleibt gut drauf
2004	Locker bleiben
2007	Ideal für den Sommer

---

[187] http://www.monte.eu/ [02.07.2010; 13.11 Uhr]
[188] http://www.slogans.de/slogans.php?BSelect%5B%5D=1432 [02.07.2010; 16.42 Uhr]

Das Leicht-Sein soll auch die seit Anfang 2010 laufende Kampagne vermitteln: Dabei wirbt Milch-Schnitte mit den Testimonials Susi Kentikian und den Brüdern Thomas und Alexander Huber, auch besser bekannt als die ‚Huberbuam'. Mit diesen Testimonials setzt Milch-Schnitte auf Sportler, fernab des Mainstream. Anders als beispielsweise Nutella, welche mit Kickern der deutschen Fußballnationalmannschaft wirbt. Susi Kentikian ist Profiboxerin und die Huber-Brüder sind Extremkletterer. Die beiden 30 Sekunden Spots wirken frisch und leicht – und vermitteln so ganz das Produkt.

> „Susi Kentikian ist eine vielseitige Persönlichkeit und bietet weitaus mehr als ihr Kampfname ‚Killer Queen' vermuten lässt. Sie hat auch eine ganz andere Seite und das hat perfekt zur Intention des Spots gepasst: zu überraschen und zum Schmunzeln zu bringen." [189]

Als Beispiel der Spot mit den Huber Brüdern: [190]
Der Spot beginnt mit lauter Gitarrenmusik und bayrischen Gejodel.
Die Milch-Schnitte ist links im Bild zu sehen, darunter die Aufschrift Huberbuam Speedkletterer.
Die beiden Brüder stehen rechts am Bildrand auf einem Gipfel. Die Szene ist quasi inszeniert wie ein kleiner Film mit Titel.

Abbildung 34: Werbespot Milch-Schnitte Anfangsbild [191]

Es folgt ein Schnitt auf ein Landhaus. Die beiden Brüder stehen mitvollen Einkaufsbeuteln vor der Tür. Es folgt die Feststellung: ‚Ja du hast doch den Schlüssel.' Der Bruder antwortet ‚Ich sicher nicht.' Der Bruder schickt ihn also rauf, um den Schlüssel zu holen. Die rockige Musik setzt wieder ein, es folgen schnelle Schnitte.
Einer klettert über den Balkon bis zu einem offenen Fenster ganz oben im Haus und hat es geschafft.

---

[189] http://www.food-monitor.de/2010/02/milch-schnitte-zeigt-susi-kentikian-von-ihrer-privaten-seite/produkte-und-promotions/ [02.07.2010; 17.06 Uhr]
[190] http://www.milchschnitte.de/ [02.07.2010; 18.31 Uhr]
[191] http://www.monte.eu/ [02.07.2010; 13.11 Uhr]

Abbildung 35: Werbespot Milch-Schnitte Kletterszene [192]

Als er im Haus ankommt setzen die Gitarren aus und Alpenklänge wie das Alphorn beginnen zu tönen. Der Bruder geht an den Kühlschrank und nimmt sich eine Milch-schnitte. Er isst diese in aller Ruhe, während sein Bruder unten auf ihn und den Schlüssel wartet.

Nach einer Weile kommt er unten zur Tür wieder heraus. Der wartende Bruder stellt fest: ‚Du hast ja ganz schön lang gebraucht, für einen Speedkletterer.'

Er antwortet und zeigt dabei die Milch-Schnitte: ‚Mir ist da was dazwischen gekom-men. Magst auch eine?' Dabei deutet er auf die Milch-Schnitte. Sein Bruder antwor-tet ‚Ja.' Unerwartet schlägt er mit der Milch-Schnitte in der Hand die Tür zu und deu-tet nach oben ‚Zum Kühlschrank geht's da lang.' Sein Bruder antwortet ‚Ja, super.' Die rockige Musik setzt wieder ein. Der Spot endet mit dem aktuellen Slogan, dem Produkt und einem Foto der beiden Kletterer.

Abbildung 36: Werbespot Milch-Schnitte Schlussbild [193]

Milch-Schnitte setzt in beiden Werbespots auf Gesichter, die einer (noch) nicht so breiten Masse bekannt ist. Der Wegfall des Zusatznamens ‚Kinder' bei Milch-Schnitte zeigt sich auch im Spot. Auch wenn die Werbung frisch, jung und dynamisch wirkt – Kinder werben nicht für die Milch-Schnitte. Doch haben die Testimonials bei Kindern eine Art Vorbildfunktion.

---

[192] http://www.monte.eu/ [02.07.2010; 13.11 Uhr]
[193] http://www.monte.eu/ [02.07.2010; 13.11 Uhr]

Die Werbung suggeriert, dass ein Mann kurzer Hand einige Meter am Haus hoch klettert - und das mit Leichtigkeit. Als Belohnung nimmt er sich eine Milch-Schnitte, weil diese laut Hersteller auch so leicht ist und nicht belastet.

Die Zeitung Werben & Verkaufen sucht dagegen den eigentlichen Ausgangspunkt für den Spot:

> „Die Milchschnitte als Kraftnahrung für Extremsportler zu bewerben? Junge Mütter mit Hilfe von kernigen Naturburschen zu bezirzen? Gleichwie: Die Story ist gnadenlos dümmlich, der Identifikationsgrad mit den Spot-Helden gleich Null." [194]

Trotzdem – gerade durch die jugendliche Machart spricht der Spot auch Kinder und Jugendliche an. Neben seiner Sportlichkeit setzt der Spot auch – wie in den siebziger Jahren – auf Humor und eine Pointe.

Super RTL befragte 120 Kinder Anfang des Jahres, wie Werbung eigentlich sein sollte. Immerhin 37 Prozent der sechs- bis 12-Jährigen sagten, die Werbung sollte lustig sein. Ein Indiz, dass die Milch-Schnitte-Werbung ankommt und damit auch das Produkt.

Abbildung 37: Wie Kinder Werbung gern hätten [195]

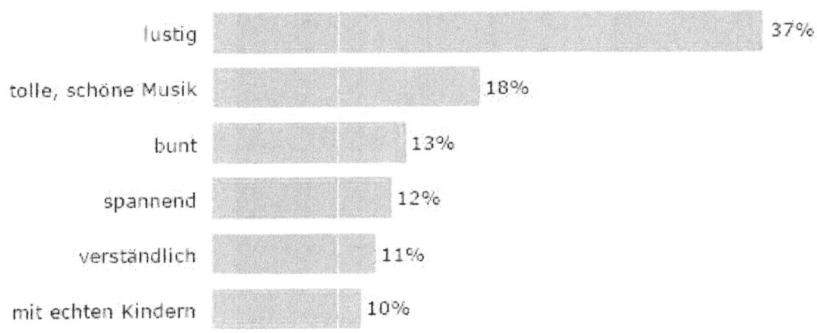

[194] http://www.wuv.de/kampagnen/kreation_des_tages/ferrero_milchschnitte_duemmliche_ story_falsche_testimonials [02.07.2010; 18.27 Uhr]

[195] http://www.monte.eu/ [02.07.2010; 13.11 Uhr]

7. _Goldener Windbeutel_

„Im Supermarkt gilt: Glauben Sie nicht, was auf der Packung steht. Denn die Lebensmittelindustrie kann eines ganz besonders gut: Verbraucher täuschen. Und die Täuschung hat System." [196]
Aus diesem Grund hat die Verbraucherorganisation Foodwatch den Negativpreis für Lebensmittel ins Leben gerufen: Der ‚goldene Windbeutel'.

Abbildung 38: Der ‚goldene Windbeutel' als Preis für die dreisteste Werbelüge [197]

Unter der Kampagne ‚abgespeist' sollen Werbelügen und Etikettenschwindel aufgedeckt werden.
Erstmals vergeben wurde der ‚goldene Windbeutel' im März 2009 an den Trinkjoghurt Actimel aus dem Hause Danone.
Dabei stellt eine unabhängige Jury, bestehend aus Personen des öffentlichen Lebens, fünf Lebensmittelprodukte zur Wahl. Per vierwöchigem Onlinevoting entscheidet der Verbraucher mit seiner Stimme, welches Produkt den Preis für die dreisteste Werbelüge bekommt. Darüber hinaus können Verbraucher das ganze Jahr selbst Produkte für den Negativpreis vorschlagen. [198]
Anfang 2010 gelangte Zott mit dem Monte Drink zu unfreiwilligem Medieninteresse: Im April ging der ‚goldene Windbeutel' an das Nuss-Milch-Getränk.

---

[196] http://www.abgespeist.de/ueber_uns/index_ger.html [04.07.2010; 17.43 Uhr]
[197] http://foodwatch.de/foodwatch/content/e36/e13710/e13721/e13722/downloadtabs24691/ categories25212/files25213/Windbeutel_Logo_mitSchein_300dpi_ger.jpg [04.07.2010; 18.12 Uhr]
[198] http://www.abgespeist.de/produkt_vorschlagen/index_ger.html [04.07.2010; 17.57 Uhr]

7.1 Dreisteste Werbelüge Monte Zott 2010

2010 konnten die Verbraucher zwischen folgenden fünf Produkten abstimmen: Beo Heimat Apfel & Birne von Carlsberg, Bertolli Gegrilltes Gemüse von Unilever, Der Gelbe Zitrone-Physalis von Pfanner, Duett Champignon Creme-Suppe von Escoffier und dem Monte Drink von Zott.
Die Verbraucher stimmten mit 37,5 Prozent für den Monte Drink. [199]

Abbildung 39: Abstimmung der dreistesten Werbelüge 2010 [200]

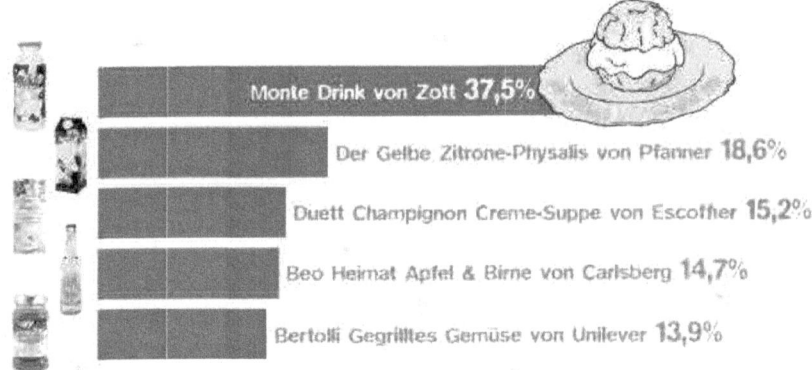

Was ist an der Monte Werbung so falsch?
Das Unternehmen suggeriert in der Fernsehwerbung (und auf der Homepage), dass es sich bei dem Monte Drink um ein gesundes und ausgewogenes Produkt handelt. Für den Verbraucher wird der Monte Drink dadurch zum „richtigen Proviant für unterwegs". [201] Darüber hinaus sagt das Unternehmen, dass im Monte Drink viel frische Milch, Schokolade und das Beste der Haselnuss sei. [202]
Jedoch stecken in dem Kindergetränk laut Foodwatch jede Menge Zucker.

> „Umgerechnet [acht] Stück Würfelzucker enthält ein Fläschchen Monte – mehr als die gleiche Menge Cola. ‚Wertvoll' oder gesund ist weder der Traubenzucker, noch die ganze aromatisierte Zucker-Milchcreme-Mischung. Zott jubelt Eltern eine Zuckerbombe als gesunde Zwischenmahlzeit unter – dreister kann man nicht täuschen." [203]

[199] http://www.abgespeist.de/der_goldene_windbeutel_2010/das_ergebnis/index_ger.html [05.07.2010; 12.28 Uhr]
[200] http://www.abgespeist.de/der_goldene_windbeutel_2010/das_ergebnis/index_ger.html [05.07.2010; 12.28 Uhr]
[201] Vergleich Seite 55
[202] Vergleich Seite 55
[203] http://www.abgespeist.de/abgespeist/content/e9047/e10095/zott_monte_ kompaktinfo_20100319.pdf [05.07.2010; 13.24 Uhr]

Abbildung 40: Acht Stück Würfelzucker stecken in dem Milchmischgetränk [204]

Von einer Zwischenmahlzeit beziehungsweise von Gesundheitswert kann daher nicht die Rede sein. Durch das Zusetzen von Milchpulver wird der Monte Drink zu einer reinen Süßigkeit.

Milch enthält von Natur aus auch Zucker, etwas mehr als drei Stück [205] gehen dabei auf das Konto der Milch. „Der Rest ist von Zott noch mal zugesetzt [...]". [206] Somit entpuppt sich die von Zott angepriesene Zwischenmahlzeit als Kalorienbombe.

> „Werbung blendet (in der Regel) alles Negative aus und ist bedingungslos parteilich für ihr Produkt oder ihre Botschaft. Um ihre Ziele zu erreichen, mu[ss] sie einen von den Zielgruppen als positiv und wünschenswert empfundenen und bewerteten Zusammenhang herstellen zwischen Ware, Leistungen, Personen und Botschaften einerseits und den Erwartungen, Bedürfnissen, Lebensgefühlen und Mentalitäten der Zielgruppen andererseits." [207]

Gerade Kinder tappen so schnell in die Kalorienfalle, zumal das Getränk nicht sättigend wirkt. Die Kinder- und Jugendgesundheitsstudie (KiGGS) des Robert-Koch-Instituts belegt, dass etwa 15 Prozent der Kinder und Jugendlichen im Alter von drei bis 17 Jahren übergewichtig sind. [208]

---

[204] http://www.abgespeist.de/monte/extras/zucker_drin_ampel_drauf/index_ger.html [05.07.2010; 13.26 Uhr]

[205] http://www.abgespeist.de/abgespeist/content/e9047/e9093/e9094/e9097/ appendixes9098/E-Mail-Antwort_Zott_Teilnehmer_abgespeist_Mitmach-Aktion.pdf [05.07.2010; 13.32 Uhr]

[206] http://www.abgespeist.de/monte/extras/zucker_drin_ampel_drauf/index_ger.html [05.07.2010; 13.32 Uhr]

[207] Wilke, Jürgen 1999, 519

[208] http://edoc.rki.de/oa/articles/reryPJPcmUGw/PDF/20pyWvIPNYV52.pdf [05.07.2010; 14.16 Uhr]

„Eine Adipositas liegt bei etwa 6,3 [Prozent] vor. [...] Der Anteil der Übergewichtigen [steigt] von neun [Prozent] bei den 3- bis 6-Jährigen über 15 [Prozent] bei den 7- bis 10-Jährigen bis hin zu 17 [Prozent] bei den 14- bis 17-Jährigen.
Eine Adipositas haben 2,9 [Prozent] der 3- bis 6-Jährigen, 6,4 [Prozent] der 7- bis 10-Jährigen und 8,5 [Prozent] der 14- bis 17-Jährigen."[209]

Neben dem Industriezucker steckt laut Unternehmen auch das Beste aus frischer Milch im Monte Drink. Doch tatsächlich handelt es sich bei Milchmischprodukten, wie dem Monte Drink um „zusammengerührtes Allerlei."[210]

„Es sind Formen ,chemisierter Milch', denn natürlich werden der –bereits fabrikatorisch veränderten – Milch nur selten natürlich Rohstoffe [...] zugefügt, sondern chemisch-synthetische Aroma- und Farbstoffe."[211]

Milch wird von der Industrie pasteurisiert beziehungsweiße tiefgekühlt, um sie haltbar zu machen. Denn das Naturprodukt ist in seinem Rohzustand leicht verderblich „und daher eigentlich zum sofortigen Verzehr bestimmt."[212]
So stellt die gießende Milchkanne auf der Verpackung des Monte Drinks, wie auch auf anderen Milchprodukten, als Symbol frischer Vollmilch eine reine Verbraucher-täuschung dar.

„Für das Naturerzeugnis Milch bedeutet eine Tiefkühlung praktisch die gleiche Strapaze wie eine Pasteurisierung. Sie ist auf Körpertemperatur fixiert. Ob nun von 37 Grad Celcius auf vier Grad tiefgekühlt oder von 37 Grad auf 70 Grad erhitzt [.]"[213]

„Auf jeden Fall werden durch jedes Verfahren [...], Kettenreaktionen ausgelöst, die die biologischen, chemischen und physikalischen Feinheiten der Milch verändern, wenn nicht gar zerstören. [...] Im Grunde ist es eine Irreführung des Verbrauchers, wenn dieses Erzeugnis dann noch als Milch bezeichnet wird."[214]

Von frischer Milch im Monte Drink kann daher keine Rede sein.
Des Weiteren befindet sich auf der Zutatenliste der Hinweis auf den Stoffe Carra-geen. Dabei handelt es sich um ein Gelier- beziehungsweiße Verdickungsmittel.[215]

---

[209] http://www.kindergesundheit-info.de/fuer-fachkraefte/hintergrundwissen/themeninfo-ernaehrung/studien-ernaehrung/uebergewicht-kiggs-studie/ [05.07.2010; 14.16 Uhr]
[210] Bruker, Max Otto/ Jung, Matthias 2006, 78
[211] Bruker, Max Otto/ Jung, Matthias 2006, 78
[212] Bruker, Max Otto/ Jung, Matthias 2006, 168
[213] Bruker, Max Otto/ Jung, Matthias 2006, 169
[214] Bruker, Max Otto/ Jung, Matthias 2006, 170
[215] http://www.gifte.de/Lebensmittel/e_400_-_445.htm [05.07.2010; 15.44 Uh]

Der Zusatzstoff wird auch unter der E-Nummer 407 gelistet. [216]

Auf dem Etikett des Monte Drinks steht das Verdickungsmittel jedoch unter seinem Namen. Da E-Nummern keinen guten Ruf haben, weil dies Zusatzstoffe sind, lässt sich die These aufstellen, dass deswegen der chemische Name auf dem Etikett steht. „Carrageen steht nach Ansicht einiger Wissenschaftler in Verdacht, die Ausbreitung von Geschwüren im Magen-Darm-Trakt und sogar Brustkrebs zu fördern." [217] Jedoch ist dies nicht wissenschaftlich belegt.

Zusammenfassend ist zusagen, dass die Werbung in keiner Weise den Anforderungen des Produktes gerecht wird. Verbraucher, vor allem Kinder, werden gezielt manipuliert.

Der wertvolle Traubenzucker, wie es auf den kleinen Flaschen heißt, ist eher für das Unternehmen wertvoll, den Organismus der Kinder bringt er vielmehr in Unordnung. Zott begründet die Zugabe des Traubenzuckers damit, dass er ein „für den Menschen schnell verfügbarer Zucker [ist]." [218]

Was für Sportler noch von Vorteil ist, ist für die Kinder alles andere als gesund. Denn der Traubenzucker geht schnell ins Blut über, genauso schnell steigt der Blutzuckerspiegel im Blut an, mit der Folge, dass er wieder extrem schnell abfällt und die Konsumenten Hunger, gar Heißhunger bekommen.

Auf dem Etikett sind außerdem Haselnüsse und Schokoladenstückchen abgebildet. Ebenso wirbt die Formulierung mit ‚viel frischer Milch, Schokolade und dem Besten der Haselnuss' für eine hohe Qualität. Doch viel ist nun mal relativ. Ein Blick auf die Zutatenliste zeigt: 0,9 Prozent Schokoladenpulver [219], gerade einmal 0,7 Prozent Haselnussmark [220] und 0,2 Prozent Kakaopulver [221] befinden sich im Monte Drink. Zott wirbt damit, dass der Monte Drink „herrlich frisch [schmeckt] und haselnussig." [222] Dabei ist der Großteil des Haselnussgeschmacks wohl eher auf Aromen zurück zuführen, als auf den natürlichen Geschmack.

---

[216] http://www.gifte.de/Lebensmittel/e_400_-_445.htm [05.07.2010; 15.44 Uh]

[217] http://www.food-detektiv.de/e_nummer_ausgabe.php?id=10000022 [05.07.2010; 15.51 Uhr]

[218] http://www.abgespeist.de/monte/infos_ohne_flash/index_ger.html [05.07.2010; 18.51 Uh]

[219] http://www.abgespeist.de/e9047/e10095/zott_monte_kompaktinfo_20100319.pdf [05.07.2010; 19.08 Uhr]

[220] http://www.abgespeist.de/e9047/e10095/zott_monte_kompaktinfo_20100319.pdf [05.07.2010; 19.08 Uhr]

[221] http://www.abgespeist.de/e9047/e10095/zott_monte_kompaktinfo_20100319.pdf [05.07.2010; 19.08 Uhr]

[222] http://www.zott.de/index.php/zott/dt/unsere_marken/monte__1/monte_drink/monte_drink/(contentview)/ overview [05.07.2010; 18.51 Uh]

7.2 Reaktion der Konsumenten

Hier ist festzuhalten, dass es sich bei der Reaktion der Konsumenten nicht um die eigentliche Zielgruppe, die Kinder, handelt. Vielmehr zeigen Eltern und Erwachsene Reaktionen auf den Monte Drink.

Dies zeigt sich zum einen in der Abstimmung zum ‚goldenen Windbeutel' 2010 selbst: Laut Foodwatchsprecherin Anne Markwardt haben 81.451 Verbraucher teilgenommen. 30.563 Stimmen fielen dabei auf den Monte Drink.

Über das E-Mail-Beschwerdeprogramm wurden derzeit rund 5.750 Unterschriften an Zott versandt.

3.240 Verbraucher beschwerten sich bereits vor der Wahl zu dreistesten Werbelüge über die Irreführung bei Zott. Rund 2.500 Verbraucher unterzeichneten eine von Foodwatch Online gestellte ‚Glückwunschkarte'.

7.2.1 Image (Marktanalyse)

Für ein Unternehmen bedeuten Krisen und Negativpresse immer Verluste. Bei Zott kommt erschwerend hinzu, dass es sich bei dem Produkt um ein Lebensmittel handelt. Verbraucher (Eltern) können daher selbst durch ihr eigenständiges Handeln entscheiden, ob sie das Produkt noch kaufen oder eben nicht mehr.

Ein Vergleich mit Hilfe der Suchmaschine Google zeigt, dass Zott durch die Kritik unweigerlich in die Schlagzeilen gekommen ist.

Als Zeitraum dient der Beginn der Wahlabstimmung (22. März 2010) bis zum Tag der Bekanntgabe des Siegers (23. April 2010). Außerdem werden nur Seiten aus Deutschland durchsucht, da das Wort Monte auch in vielen Hotelketten etc. in südlichen Ländern vorkommt.

Monte Drink als Suchbegriff eingegeben ergibt in diesem Zeitraum ungefähr 21.200 Suchergebnisse. Zum Vergleich im selben Zeitraum nur ein Jahr zuvor, also 2009 findet die Suchmaschine nur etwa 10.700 Treffer.

Am Tag der Veröffentlichung (23. April) der dreistesten Werbelüge 2010 durch Foodwatch finden sich 13.200 Suchergebnisse zum Thema Monte Drink. Am 23. April 2009, waren es lediglich nur neun Suchergebnisse durch Google. Von diesen neun beschäftigen sich außerdem nur zwei wirklich mit dem Lebensmittel Monte Drink. Der Rest geht auf Konten von Reisen, Hotels etc.

Eine Zeitleiste belegt die Zahlen bildlich:

Abbildung 41: Suchergebnisse ‚Monte Drink' bei Google [223]

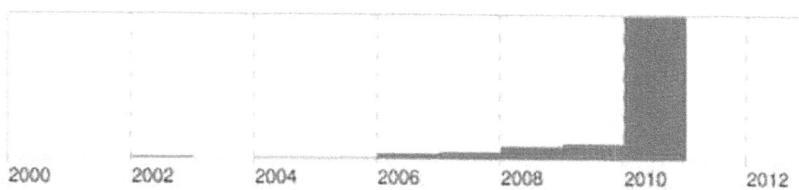

In den Jahren vor 2008 ist davon auszugehen, dass es sich hierbei nicht hauptsächlich um das in der vorliegenden Arbeit beschriebene Produkt handelt.

Abbildung 42: Im April 2010 finden sich die meisten Einträge zum Begriff Monte Zott [224]

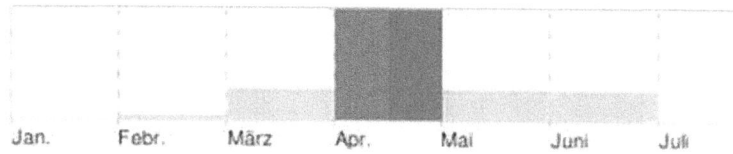

Mit der Kampagne zur Wahl der dreistesten Werbelüge nahm auch die Berichterstattung der Medien zu. Dies ist deutlich anhand der Grafik zu erkennen. Der Höhepunkt ist (momentan betrachtet) der April. Gut ein Drittel zum Thema Monte Zott ist im Mai und Juni zu verzeichnen. Bei der Anfrage nach Suchergebnisse im jeweiligen Zeitraum spielen natürlich auch Themen mit rein, die im eigentlichen Sinne nichts mit dem Produkt Monte Drink zu tun haben.

Nach derzeitigem Stand ist davon auszugehen, dass die Suchergebnisse des Monte Drinks noch einmal größer werden. Da Zott angekündigt hat, den Monte Drink zu überarbeiten. Die Verbraucherorganisation Foodwatch würde dann natürlich darüber wieder informieren und Pressemitteilungen an die jeweiligen Medienvertreter schicken, welche wiederum berichten. Neben der Produktüberarbeitung plant Zott auch die Überarbeitung der Werbung. Dies würde außerdem für Berichterstattung sorgen und damit für mehr Suchergebnisse.

---

[223] http://www.google.de/search?q=monte+drink&hl=de&cr=countryDE&tbs=ctr:countryDE, tl:1&prmd=i&source=lnt&sa=X&ei=xB8zTLLJNuGhsQbm7aTOBA&ved=0CBYQpwU [06.07.2010; 14.25 Uhr]

[224] http://www.google.de/search?q=monte+drink&hl=de&cr=countryDE&sa=X&tbs=ctr: countryDE,tl:1,tll:2010/04,tlh:2010/06&prmd=i&ei=FyUzTl67N4S8lQffwaW_Cw&ved= 0CFwQyQEoAg [06.07.2010; 14.44 Uhr]

Die Suchergebnisse mit der Wahl zur dreistesten Werbelüge sind für den Monte Drink gestiegen, jedoch ist damit auch gleichzeitig das Image gesunken. Dass eine Wahl zum ‚goldenen Windbeutel' Auswirkungen auf das Image hat zeigt die Wahl von 2009.

So hat Actimel bis heute mit Imageeinbußen zu kämpfen

Nach einer Umfrage unter 1.000 Personen des BrandIndex des Kölner Marktforschungsinstituts YouGovPsychonomics zeigt sich, dass die Imagewerte im ersten Quartal 2010 um rund 55 Prozent niedriger liegen als vor der Wahl zum ‚goldenen Windbeutel' 2009.

Abbildung 43: Entwicklung des Images von Actimel im zeitlichen Verlauf [225]

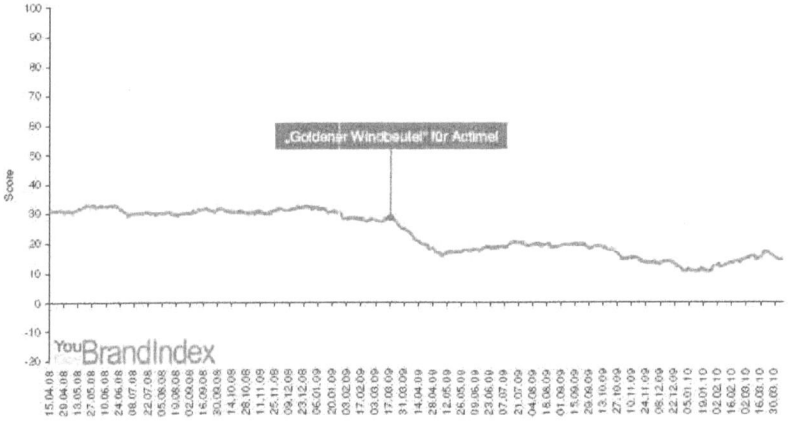

Mit dem Imageverlust leidet natürlich auch der Glaube an die Qualität. Actimel suggerierte in der Werbung, Verbraucher können sich durch das Trinken vor Erkältungen schützen, in dem Actimel die Abwehrkräfte aktiviert.

---

[225] http://www.foodwatch.de/e10/e31109/e37447/e37469/Actimel_BrandIndex-201004_ger.pdf [06.07.2010; 15.42 Uhr]

Abbildung 44: Wahrnehmung der Qualität von Actimel [226]

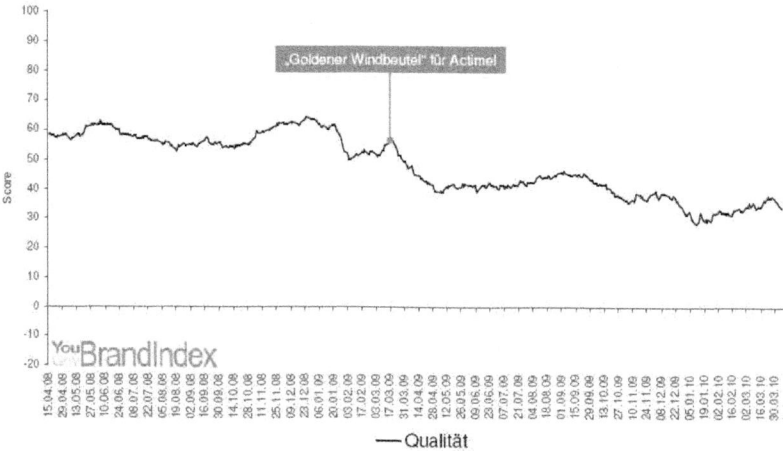

Obwohl die Wahl des ‚goldenen Windbeutels' für Actimel am 10. Januar 2010 fast ein Jahr her ist, ist der Glaube an die Qualität des Getränks so gering wie nie zuvor.

7.2.2 Absatzentwicklung

Auf mehrmalige Anfragen bei Zott, mit der Bitte um Informationen zu den Absatzzahlen des Monte Drinks im Zeitraum April 2009 bis Juni 2010, reagierte das Unternehmen nicht.

Da Monte aber eine Monomarke von Zott ist, lässt sich vermuten, dass das Unternehmen selbst keine Einbußen in der Absatzentwicklung hat. Zwar könnte durch die mediale Berichterstattung im Monat April und Mai der Absatz beim Monte Drink zurückgegangen sein, jedoch kann Zott diesen ‚Verlust' der Absatzzahlen über die anderen Familien – beziehungsweise Monomarken wiederum sichern.

---

[226] http://www.foodwatch.de/e10/e31109/e37447/e37469/Actimel_BrandIndex-201004_ger.pdf [06.07.2010; 15.47 Uhr]

7.3   Reaktion des Herstellers

Mit reichlich Medieninteresse versuchten Mitarbeiter von Foodwatch im April den ‚goldenen Windbeutel' direkt am Firmensitz im bayrischen Mertingen zu übergeben.

Abbildung 45: Übergabe des ‚goldenen Windbeutels' an Zott [227]

Jedoch war schon beim Pförtner am Eingang Schluss: Mit den Worten „Ich darf nichts annehmen" [228] und „[der Produktionsleiter] ist heute nicht im Haus" [229] zog sich Zott ziemlich ungeschickt aus der Affäre.
Auch eine Übergabe im Verwaltungsgebäude von Zott scheiterte.
Eine Mitarbeiterin von Foodwatch:

> „Wir haben gestern schon gesehen, dass Schilder von der Zott Verwaltungszentrale mit dem Firmenlogo abgehängt wurden. [...] Dort oben an der Einfahrt des alten Werkes ist es jetzt offensichtlich auch entfernt wurden. Das würde ich [...] als ein Zeichen deuten, dass Zott nicht bereit ist, sich mit dieser Kritik auseinander zusetzen [...]." [230]

---

[227] http://www.abgespeist.de/der_goldene_windbeutel_2010/die_aktion/index_ger.html [05.07.2010; 16.16 Uhr]

[228] http://www.abgespeist.de/der_goldene_windbeutel_2010/die_aktion/index_ger.html [05.07.2010; 16.25 Uhr]

[229] http://www.abgespeist.de/der_goldene_windbeutel_2010/die_aktion/index_ger.html [05.07.2010; 16.25 Uhr]

[230] http://www.abgespeist.de/der_goldene_windbeutel_2010/die_aktion/index_ger.html [05.07.2010; 16.34 Uhr]

Abbildung 46: Firmenlogos von Zott sind verschwunden [231] [232]

Jedoch ist auch in der Zott Hauptverwaltung laut Sekretärin von der Geschäftsführung niemand im Haus, um mit Foodwatch zu reden. [233] Einzig eine Presseerklärung bekommt Foodwatch an diesem Tag. [234]

In dieser ersten Stellungsnahme heißt es, „dass im Hinblick auf die öffentliche Diskussion zu Zucker das Produkt Monte Drink Anpassung und Verbesserung in der Darstellung wie in der Rezeptur erfahren wird." [235]

Dieses Verhalten von Zott zeugt von schlechter Krisen - PR.

Das Unternehmen war an diesem Tag nicht bereit, sich den kritischen Fragen von Foodwatch zu stellen. Dies lässt das Produkt Monte Zott noch mehr in den Schatten stellen.

Jedoch ist anzumerken, dass ein Foto beziehungsweise ein Fernsehbeitrag, indem die Geschäftsführung mit der Urkunde und dem ‚goldenen Windbeutel' abgebildet ist, noch mehr Imageschaden seitens des Unternehmens bedeutet hätte. Da dies als Art Schuldeingeständnis zu werten ist.

Bereits zuvor, Anfang Dezember 2009, als der Monte Drink genau wie vier weiter Produkte zur Wahl der dreistesten Werbelüge stand, schickte Zott eine Pressemitteilung heraus.

---

[231] http://www.abgespeist.de/der_goldene_windbeutel_2010/die_aktion/index_ger.html [05.07.2010; 16.28 Uhr]

[232] http://foodwatch.de/foodwatch/content/e36/e13710/e24961/e24962/downloadtabs 24963/categories37974/files37975/Abmontierte-Schilder-Zott_Goldener-Windbeutel-2010_ger.jpg [05.07.2010; 17.37 Uhr]

[233] http://www.abgespeist.de/der_goldene_windbeutel_2010/die_aktion/index_ger.html [05.07.2010; 16.34 Uhr]

[234] http://www.abgespeist.de/der_goldene_windbeutel_2010/die_aktion/index_ger.html [05.07.2010; 16.34 Uhr]

[235] http://www.abgespeist.de/der_goldene_windbeutel_2010/die_aktion/index_ger.html [05.07.2010; 16.34 Uhr] [235] http://www.abgespeist.de/monte/wie_zott_reagiert/zotts_antwort/index_ger.html [05.07.2010; 16.57 Uhr]

Vorausgegangen war eine E-Mail, an mehr als 2.500 Verbraucher [236], die kritische Fragen zum Monte Drink hatten.
Darin nimmt das Unternehmen zum Thema Zucker folgendermaßen Stellung.

„Die vom Konsumenten gewünschte Süße können wir gerade bei unseren Kinderprodukten nur mit Zucker abbilden, da wir Süßstoffen und Zuckerersatzstoffen bei Kinderlebensmitteln sehr kritisch gegenüber stehen. Den gewünschten Süßgeschmack versuchen wir dann mit so wenig wie möglich Zucker herzustellen." [237]

Das Unternehmen bekennt sich damit zu der Kalorienbombe Monte Drink. Die Zielgruppe Kinder werden quasi als Schutzschild genommen: Kinder lieben Süßes, also muss Süßes angeboten werden, um auf dem stark umworbenen Markt zu bestehen. Aus diesem Grund ist nicht ersichtlich, warum Zott das Milchmischgetränk in der Pressemitteilung weiterhin als Zwischenmahlzeit anpreist, „die einen wertvollen Beitrag zur Ernährung liefer[t]." [238]
Gut einen Monat nach der Wahl zur dreistesten Werbelüge, im Mai 2010, gab Zott erneut eine Pressemitteilung heraus. Zott weist darin hin, „dass das Produkt in seiner Zusammensetzung und Rezeptur derzeit überarbeitet wird und eine Anpassung des Etiketts und der Werbung erfolgt." [239]
Derzeit ist nicht abzusehen, inwieweit Zott diesen Versprechungen gerecht wird. Jedoch scheint die massive Kritik durch die Verbraucher und die Berichterstattung durch die Medien, die Verantwortlichen zu Handlungen zu zwingen.

7.3.1 Werbeverhalten

Was hat sich durch die Verleihung des ‚goldenen Windbeutels' beim Monte Drink im Bereich der Werbung geändert?
Fakt ist, dass der frühere Werbespot derzeit nicht mehr im Internet aufrufbar ist und auch nicht im Fernsehen läuft (Stand 15.07.2010). Zott wirbt derzeit nur für den Monte Joghurt, nicht aber für den Monte Drink.
Aufgrund der Kritik der Verbraucherorganisation Foodwatch, gab das Unternehmen die Pressemitteilung mit der Aussage das der Monte Drink „in seiner Zusammen-

---

[236] http://www.abgespeist.de/monte/wie_zott_reagiert/zotts_antwort/index_ger.html [05.07.2010; 16.57 Uhr]

[237] http://www.abgespeist.de/abgespeist/content/e9047/e9093/e9094/e9097/appendixes 9098/E-Mail-Antwort_Zott_Teilnehmer_abgespeist_Mitmach-Aktion.pdf [05.07.2010; 17.03 Uhr]

[238] http://www.abgespeist.de/abgespeist/content/e9047/e9093/e9094/e9097/appendixes 9098/E-Mail-Antwort_Zott_Teilnehmer_abgespeist_Mitmach-Aktion.pdf [05.07.2010; 17.16Uhr]

[239] http://www.abgespeist.de/abgespeist/content/e9047/e9093/e9094/e10148/appendixes 10149/zott_antwortverbraucher_windbeutel_201005(1).pdf [05.07.2010; 17.24 Uhr]

setzung und Rezeptur derzeit überarbeit wird und eine Anpassung des Etikette und der Werbung erfolgt"[240] heraus.

Auf mehrmalige Nachfragen beim Unternehmen, inwieweit und in welcher Form für den Monet Drink wieder geworben wird, gab es keine Reaktion. Auf der Internetseite www.monte.eu ist der Monte Drink ohne den Vermerk ‚Mit Traubenzucker' abgebildet.[241]

Zott reagierte auf mehrmaliges Nachfragen, ob das Weglassen des Traubenzuckers Teil der neuen Rezeptur ist und auf die Verbraucherkritik zurückzuführen ist, nicht.

7.3.2 Produktinformationen

Auf der Homepage wurde der Werbetext umgeändert – wenn auch nur proforma. Anhand der Screenshots, welche Foodwatch von der Zott-Homepage gemacht hat, lässt sich erkennen, dass das Unternehmen um Image-Schadenbegrenzung bemüht ist. Es lässt sich ablesen, dass je mehr der Monte Drink in die Kritik geraten ist, die wohlgepriesenen Formulierungen abgeändert wurden.

Bevor Kritik aufkam, bewarb Zott den Monte Drink noch als gesund.

Abbildung 47: Ein Blick auf die Homepage vor der ersten Kritik am Monte Drink [242]

Monte Drink
Jetzt auch als Drink für unterwegs!

Zott Monte, die beliebte Zwischenmahlzeit, gibt es jetzt auch als leckeren und gesunden Drink. Zott Monte Drink ist aus viel frischer Milch, Schokolade und dem Besten der Haselnuss zubereitet und schmeckt herrlich frisch und haselnussig. Und er ist toll für unterwegs: In der neuen, wieder verschließbaren PE-Flasche ist Zott Monte Drink der ideale Begleiter für Schule und Freizeit.

Als bekannt wurde, dass der Monte Drink unter den fünf Anwärtern auf die dreisteste Werbelüge ist, wurde kurzerhand das Adjektiv ‚gesunde' weggelassen.

---

[240] http://www.abgespeist.de/abgespeist/content/e9047/e9094/e10148/appendixes 10149/zott_antwortverbraucher_windbeutel_201005(1).pdf [01.08.2010; 17.27 Uhr]

[241] http://www.monte.eu/de/gut-drink/monte [01.08.2010; 17.22 Uhr]

[242] http://foodwatch.de/foodwatch/content/e36/e13710/e24961/e24962/downloadtabs 24963/categories37517/files37566/monte_drink_details_20091102_ger.pdf [05.07.2010; 17.51 Uhr]

Abbildung 48: Die Formulierungen zu Beginn der Wahl [243]

Monte Drink
Jetzt auch als Drink für unterwegs!

Zott Monte, die beliebte Zwischenmahlzeit, gibt es jetzt auch als leckeren
Drink. Zott Monte Drink ist aus viel frischer Milch, Schokolade und dem
Besten der Haselnuss zubereitet und schmeckt herrlich frisch und
haselnussig. Und er ist toll für unterwegs: In der neuen, wieder
verschließbaren PE-Flasche ist Zott Monte Drink der ideale Begleiter für
Schule und Freizeit.

Nachdem der Monte Drink die Auszeichnung als dreisteste Werbelüge erhielt, wurde
die Formulierung erneut geändert.
Im Text wurde von Zott auf die Formulierung ‚Und er ist toll für unterwegs: In der
neuen, wieder verschließbaren PE-Flasche ist der Monte Drink der ideale Begleiter
für Schule und unterwegs' verzichtet. Einzig in der Überschrift des Textes taucht
noch ‚Jetzt auch als Drink für unterwegs!' auf.

Abbildung 49: Die aktuelle Monte Drink Werbung auf der Homepage [244]

Monte Drink
Jetzt auch als Drink für unterwegs!

Zott Monte, die beliebte Zwischenmahlzeit, gibt es jetzt auch als leckeren
Drink. Zott Monte Drink ist aus viel frischer Milch, Schokolade und dem
Besten der Haselnuss zubereitet und schmeckt herrlich frisch und
haselnussig.

---

[243] http://foodwatch.de/foodwatch/content/e36/e13710/e24961/e24962/downloadtabs
24963/categories37517/files37519/zott.de_deutsch_Monte_Drink_20100322_ger.jpg
[05.07.2010; 17.56 Uhr]
[244] http://foodwatch.de/foodwatch/content/e36/e13710/e24961/e24962/downloadtabs
24963/categories37517/files37518/Website_Screenshots_Monte-Drink_20100423_ger.jpg
[05.07.2010; 17.58 Uhr]

8. *Gegenüberstellung mit vergleichbaren Produkten*

8.1 Milch-Schnitte

Als Zwischenmahlzeit wird sie beworben. Fakt ist aber, dass es sich bei der Milch-Schnitte eher um ein Dessert handelt. [245]

Im Werbespot sagt die Stimme aus dem Off folgendes: „Milch-Schnitte. Aus guten Zutaten und mit viel frischer Vollmilch gemacht." [246] Laut Unternehmen wird die Milch-Schnitte mit 40 Prozent frischer Vollmilch [247] hergestellt. Das erscheint auf den ersten Blick betrachtet ein hoher Wert im Vergleich zum Monte Drink. Das subjektive Adjektiv ‚frisch' gaukelt dem Verbraucher – wie schon beim Monte Drink – eine Qualität vor, die das Produkt objektiv betrachtet nicht haben kann.

Doch was bedeutet der Zahlenwert für die einzelne Milch-Schnitte? Nach Analysen von Konsumentenorganisationen besteht eine Milch-Schnitte (28 Gramm) aus: „[elf Gramm] Milch, [acht Gramm] Zucker, [sieben Gramm] Fett und [zirka] 53 mg [Calcium]." [248]

Von 40 Prozent frischer Vollmilch kann daher keine Rede sein. Denn „[e]ine Schnitte enthält weniger als einen Esslöffel Milch, aber dafür umgerechnet [zwei bis drei] Würfelzucker und eineinhalb Teelöffel Fett [.]" [249]

Zum Vergleich, der Calciumgehalt in einem Glas Milch „ist fünfmal so hoch wie in der gezuckerten Kinderschnitte[.]" [250]

„Ein neunjähriges Kind müsste 16 Milch-Schnitten essen, um seinen Calciumbedarf zu decken und würde damit gleichzeitig etwa 35 Würfelzucker und halbes Pack[ ] Butter aufnehmen." [251]

---

[245] Vgl. Nährwertangaben Seite 59
[246] http://www.milchschnitte.de/ [27.07.2010; 15.22 Uhr]
[247] http://www.milchschnitte.de/ [27.07.2010; 15.32 Uhr]
[248] http://www.ama-marketing.at/index.php?id=863 [27.07.2010; 16.01 Uhr]
[249] http://www.arbeiterkammer.at/bilder/d34/kinderlebensmittel2005.1.pdf [27.07.2010; 16.10 Uhr]
[250] http://www.arbeiterkammer.at/bilder/d34/kinderlebensmittel2005.1.pdf [27.07.2010; 16.10 Uhr]
[251] http://www.arbeiterkammer.at/bilder/d34/kinderlebensmittel2005.1.pdf [27.07.2010; 16.14 Uhr]

8.2 Andere Milchprodukte für Kinder

Milch-Schnitte und Monte Drink sind nicht die einzigen Milchprodukte für Kinder, die als ausgewogene Ernährung beworben werden.

2007 veröffentlichte die Zeitschrift Öko-Test eine Untersuchung von 23 Milchprodukten für Kinder. „Kids lieben die bunte Aufmachung von Fruchtzwergen und Co. Wir wollten wissen, ob der Inhalt ebenso überzeugen kann." [252] Unter anderem wurden bei allen Produkten auch der Fett- und Zuckergehalt unter die Lupe genommen.

Ergebnis: Keines der Produkte konnte überzeugen.

> „Die Kindermilchprodukte im Test ziehen im Vergleich zu einem Joghurt mit frischen Früchten ganz deutlich den Kürzeren: Sie sind zu süß, einige zu fetthaltig und alle wurden mit Aromen aufgepeppt." [253]

Bei einer Ernährungswissenschaftlichen Untersuchung der Arbeiterkammer Wien wurden 57 Kinderlebensmittel untersucht. Unter anderem auch Milcherzeugnisse. Die Untersuchungsschwerpunkte lagen neben Fett- und Zuckergehalt auch in der Bewertung der Werbung mit Hinblick auf besondere Auslobungen wie zum Beispiel ‚mit viel frischer Milch'. Dabei wiesen 21 der süßen Kindersnacks auf Milch hin. Laut Studie enthalten davon jedoch

> „nur 38 Prozent wirklich Vollmilch. Davon wiederum 88 Prozent weniger als einen Esslöffel und von diesem wiederum 25 Prozent weniger als einen Teelöffel (Kinder Choco fresh mit ‚mit Milch', Paradiso mit Produkt aus frischer Vollmilch.)" [254]

Pikant außerdem, dass „19 Prozent der Produkte mit ‚mit viel Milch', ‚mit Milch', ‚+ Milch' oder, noch mehr Milch'" [255] werben, jedoch nur Vollmilchpulver enthalten.

> „48 Prozent werben mit ‚Milch', Milchcreme und Milchbildern, enthalten aber nur Vollmilch- und/oder Magermilchpulver. Eines davon wirbt mit ‚Milchcreme' und ‚reichhaltiger Milchcremefüllung', enthält aber nur Magermilchpulver und zusätzlich sogar Alkohol." [256]

---

[252] http://www.oekotest.de/cgi/index.cgi?artnr=66475;bernr=07;co= [27.07.2010; 15.10 Uhr]

[253] http://www.oekotest.de/cgi/index.cgi?artnr=66475;bernr=07;co= [27.07.2010; 15.10 Uhr]

[254] http://www.arbeiterkammer.at/bilder/d34/kinderlebensmittel2005.1.pdf [27.07.2010; 16.31 Uhr]

[255] http://www.arbeiterkammer.at/bilder/d34/kinderlebensmittel2005.1.pdf [27.07.2010; 16.31 Uhr]

[256] http://www.arbeiterkammer.at/bilder/d34/kinderlebensmittel2005.1.pdf [27.07.2010; 16.31 Uhr]

9. Zusammenfassung/ Fazit

In dieser Bachelorarbeit wurde das Thema der Fernsehwerbeversprechen von Milchprodukten an den Beispielen Zott Monte Drink sowie der Milch-Schnitte abgehandelt. Die vorliegende Arbeit stellt die immer größer werdende Bedeutung und den wachsenden Einfluss der Werbung vor allem auf die Zielgruppe der Kinder dar.

Untersucht wurden die Werbeversprechen der Hersteller für die oben genannten Produkte sowie die Reaktion des Herstellers Zott für den Preis zur dreistesten Werbelüge 2010. Außerdem wurde in diesem Zusammenhang die Image- und Absatzentwicklung beleuchtet. Da es sich um Kinderprodukte handelt, wurde auch das Fernsehverhalten sowie die Besonderheit der Kinderlebensmittelwerbung betrachtet.

Zu Beginn habe ich einen Überblick über die Anfänge und den Beginn der Werbung gegeben. Woher kommt die Werbung eigentlich? Mit dem Ergebnis, dass die Werbung keine moderne Erfindung ist, sondern sich über Jahrhunderte entwickelt hat. Nicht zuletzt durch das Fernsehen und den Computer (Internet) wuchs der Werbemarkt stetig an.

Mit den Anfängen der privaten Fernsehprogramme haben Hersteller durch bewusst eingesetzte Werbebilder immer mehr Einfluss auf das Konsumverhalten der Verbraucher gewonnen. Jedoch ist festzuhalten, dass in den letzten Jahren das Verbraucherbewusstsein immer mehr gestiegen ist. Durch das Medium Fernsehen werden Verbraucher zwar mit Werbung und Lebensmittelprodukten regelrecht bombardiert. Doch das Fernsehen (nicht zu vergessen, das Internet) erreicht eine Vielzahl von Konsumenten und hat damit an der Aufklärung und dem Gesundheitsbewusstsein beziehungsweise dem Verbraucherbewusstsein großen Anteil.

Darüber hinaus beleuchtete ich die Kinderwerbung im speziellen:

Die Industrie hat das Potenzial der jungen Marktteilnehmer erkannt und versucht diese durch geschickte Werbestrategien für das jeweilige Produkt zu begeistern.

Für Kinder ist das wichtigste Medium der Fernseher. Hier informieren sie sich darüber, was gerade angesagt ist: Sei es die neuste Serie oder beworbene Produkte in der Fernsehwerbung.

Die Fachtagung Kinderwelten – welche jährlich von Super RTL und IP Deutschland veranstaltet wird – fand zudem heraus, dass Kinder über ein eigenes Nutzungsverhalten verfügen, was das Fernsehen betrifft. [257]

---

[257] http://www.ip-deutschland.de/ipd/loadfile.cfml?file=M9P%2EHP%29%2EGN%3D%5FZUGT%2C%26U%25YBJQJCL%22%5DGK%5E%2DB3%2ESFI83NYN%3BEHIT%3C%23%2B9%5B9%26%2C%26%24VJ%0A%255%5D%26%2FOX%24%20%0A&type=application%2Fpdf [31.07.2010; 18.08 Uhr]

Darüber hinaus gibt es ein vielfältiges Kinderangebot, welches die Zielgruppe auch verstärkt nutzt. [258]

Die Werbewirtschaft nutzt das Verhalten der Kinder dabei gezielt, und platziert Werbebotschaften für die jeweilige Zielgruppe auf die Sendeplätze und Uhrzeiten.

Dass dabei schon die Jüngsten auf Marken geprägt werden, um die Vorliebe für bestimmte Produkte bis in die Jugend zu transportieren, belegen unter anderem die Untersuchungen von Brigitte Melzer-Lena. Der deutsche Erziehungswissenschaftler Dr. Dieter Baacke sieht in den Ergebnissen einen dringenden Bedarf an konsumpädagogischer Arbeit, die bereits im Grundschulalter beginnen sollte:

> „Der spezifische Auftrag einer medienpädagogischen vermittelten Medienkompetenz bestände darin, derart vorhandenes Wissen didaktisch aufzubereiten und methodisch zu arrangieren, um nicht auf die Selbstläufigkeit sozialisatorischer Prozesse zu vertrauen, denn: Medien-Kompetenz, hier verstanden als spezifische Werbe-Kompetenz, tut sich nicht von selbst, sondern muss gestützt und gefördert werden." [259]

Fernsehwerbung für Kinder zeichnet sich vor allem durch bunte Farben, angesagte Musik, zu bestehende Abenteuer, Testimonials oder auch Comic-Figuren aus. Bei den untersuchten Produkten war festzustellen, dass die Produkte dem ersten Anschein nach kindgerechte Portionen sind, jedoch kaum Nährstoffe enthalten, die für die Entwicklung von Kindern empfohlen wird.

So ist zum Beispiel der Vermerk ‚mit viel frischer Milch' verbrauchertäuschend und irreführend. Jedoch ist laut Gesetzgebung Verbrauchertäuschung verboten.

Die populäre Fernsehköchin Sarah Wiener sieht in Produkten für Kinder nichts anderes als reine Zuckerbomben.

> „Die Ironie ist [...], dass ausgewiesene Kinderprodukte noch mehr Zucker enthalten und meistens auch noch mehr Fett und mehr Aromastoffe als Produkte für Erwachsene. Weil die Industrie weiß, dass in der Kindheit eine Vorliebe für Süßes angelegt ist und das Kinder auf Süße Sachen einfach stehen. [...]" [260]

Hinzukommt, dass Kinderprodukte wie Kinderjoghurts oder Milchmischgetränke oftmals teurer sind, „manchmal sogar bis zum dreifachen des Normalpreises" [261], als herkömmliche Joghurts (für Erwachsene).

Mit Klebebildern oder Sammelfiguren beinhalten die Produkte bewusst Anreize, der sich Kinder nur schwer entziehen können.

---

[258] http://www.ip-deutschland.de/ipd/loadfile.cfml?file=M9P%2EHP%29%2EGN%3D%5FZUGT%2C%26U%25YBJQJCL%22%5DGK%5E%2DB3%2ESFI83NYN%3BEHIT%3C%23%2B9%5B9%26%2C%26%24VJ%0A%255%5D%26%2FOX%24%20%0A&type=application%2Fpdf [31.07.2010; 18.08 Uhr]

[259] http://bayern.jugendschutz.de/projugend/datei.aspx?InDID... [30.07.2010; 00.31 Uhr]

[260] http://www.zdf.de/ZDFmediathek/hauptnavigation/live#/beitrag/video/1068820/Aufgetischt-und-abserviert [31.07.2010; 13.29 Uhr]

[261] http://www.elternforum-rotzloeffel.de/fileadmin/user_upload/Vortrag_zum_Thema_Kinderlebensmittel.pdf [31.07.2010; 19.02 Uhr]

Als weiteren Schritt habe ich die Diskussion und Reaktion der Konsumenten und die des Herstellers in Bezug auf die dreisteste Werbelüge 2010 eingeordnet mit Hinblick auf die Image- und Absatzentwicklung des Herstellers Zott.

Ergebnis: Zott hat durch diese Wahl eine erhebliche negative, mediale Kritik erfahren: So wurde nach Bekanntgabe der dreistesten Werbelüge 2010 über die Produkte und die in dem Zusammenhang stattfindende Verbrauchertäuschung berichtet, wie zum Beispiel in der ZDF Abend-Talk-Sendung Markus Lanz. Am 14. Juni 2010 lief wiederum im ZDF die Sendung ‚Aufgetischt und Abserviert – Die Tricks der Lebensmittelindustrie'. Hier äußerte sich Felix Ahlers, Vorstandschef der Frosta AG, zum generellen Problem der Werbelügen in der Lebensmittelindustrie.

> „[...] Ich glaube schon, dass [die Industrie] Dinge verschleier[t] und dass wir den Verbraucher [...] ein bisschen für dumm verkaufen. Und unterschätzen, dass der Verbraucher am Ende doch ein bisschen intelligenter ist und weiß, wo er sich informieren kann. Am Ende stellt [die Industrie] sich selbst ein Bein damit, weil natürlich, wenn das Vertrauen kaputt geht, werden Produkte nicht mehr gekauft." [262]

Im Gegensatz zum Image kann ich über die Absatzzahlen von Zott nur Vermutungen anstellen. Denn leider reagierte das Unternehmen auf keine telefonischen Anrufe sowie schriftlichen E-Mails. Es ist zwar davon auszugehen, dass der Gewinn beim Monte Drink im April nicht wie in den Monaten davor war, jedoch dass Zott diesen möglichen Verlust über andere Produkte und Monomarken gut kompensieren konnte. Außerdem zeigt der Vergleich mit ähnlichen Milchprodukten, dass das Produkt Monte Drink von Zott nicht allein werbetäuschend wirbt. Auch andere Produkte werben zum Beispiel mit viel frischer Milch, obwohl diese nachweislich in dieser Form nicht enthalten ist.

Als Ansatzpunkt für weiterführende Untersuchungen und Überlegungen sowie aus ernährungsphysiologischer Sicht könnten die zugesetzten Aromastoffe untersucht werden. Denn diese dienen weniger dem Verbraucher sondern vielmehr den Herstellern solcher Stoffe. Es ist festzuhalten, dass der Geschmack durch Aromastoffe bisher als unbedenklich gilt, dennoch sind Aromenstoffe reine Verbrauchertäuschung und die ist durch den Gesetzgeber verboten.

Das die Werbeindustrie immer mehr Verbraucher und Konsumenten zu ihren Gunsten beeinflussen, ist keine neue Erkenntnis. Die Industrie bedient sich dabei auch psychologischer Werbetricks und nicht zuletzt chemischer Stoffe, die das Produkt unter anderem optisch aufwerten. Jedoch zeigt die Arbeit auch, dass Verbraucher bewusst beginnen, Einfluss auf die Produkte, Produktinformationen und die Werbeaussagen zu nehmen.

---

[262] http://www.zdf.de/ZDFmediathek/hauptnavigation/live#/beitrag/video/1068820/Aufgetischt-und-abserviert [31.07.2010; 13.29 Uhr]

Literatur- und Quellenverzeichnis

Bücher

Benz, Wolfgang (Hrsg.): Die Geschichte der Bundesrepublik Deutschland. Band 2 Wirtschaft, Fischer Taschenbuchverlag GmbH Frankfurt am Main 1989

Benz, Wolfgang (Hrsg.): Die Geschichte der Bundesrepublik Deutschland. Band 3 Gesellschaft, Fischer Taschenbuchverlag GmbH Frankfurt am Main 1989

Benz, Wolfgang (Hrsg.): Die Geschichte der Bundesrepublik Deutschland. Band 4 Kultur, Fischer Taschenbuchverlag GmbH Frankfurt am Main 1989

Bruker, Max Otto/ Jung, Mathias: Der Murks mit der Milch, 7. Auflage, by emu-Verlags-GmbH Lahnstein 2006

Caspers, Markus: Die 50er Jahre, Naumann & Göbel Verlagsgesellschaft mbH Köln, ohne Datum

Huth, Rupert/ Pflaum, Dieter: Einführung in die Werbelehre, 7.Auflage, W. Kohlhammer GmbH + Co., KG, Stuttgart 2005

Kampe, Ruprecht/ Neebe, Reinhard: Die Bundesrepublik Deutschland 1966 bis 1990. Vom geteilten Land bis zur Wiederherstellung der Deutschen Einheit, Ernst Klett Verlag Stuttgart Düsseldorf Leipzig 2002

Kriegeskorte, Michael: Werbung in Deutschland 1945-1965. Die Nachkriegszeit im Spiegel ihrer Anzeigen, DuMont Buchverlag Buchverlag Köln 1992

Pürer, Heinz: Publizistik- und Kommunikationswissenschaft. Ein Handbuch, UVK Verlagsgesellschaft mbH Konstanz 2003

Reichard, Peter: Werbers Deutsch. Marketing-Slang von A bis Z, Vito von Eichborn GmbH & Co. Verlag KG Frankfurt am Main 1996

Schneider, Karl (Hrsg.): Werbung in Theorie und Praxis, 4. Auflage, M + S Verlag für Marketing und Schulung Waiblingen 1997

Wilke, Jürgen (Hrsg.): Mediengeschichte der Bundesrepublik Deutschland, Böhlau Verlag Köln 1999

Nachschlagewerke

Bertelsmann Lexikon Verlag (Hrsg.): Bertelsmann Universal Lexikon, Bertelsmann Lexikon Verlag GmbH Gütersloh/München 2001

Bundesgesundheitsbl - Gesundheitsforsch -Gesundheitsschutz 2007 Springer Medizin Verlag 2007

Rundfunkstaatsvertrag §7a (1)

Rundfunkstaatsvertrag §16 (1)

Internet -- Webverzeichnisse/Suchmaschinen

Google

http://www.google.de/#hl=de&q=Milch-Schnitte&aq=f&aqi=g1g-s1&aql=&oq=&gs_rfai=&fp=a5e49e1b07279ad0 [02.07.2010]

http://www.google.de/search?q=monte+drink&hl=de&cr=countryDE&sa=X&tbs=ctr
: countr-DE,tl:1,tll:2010/04,tlh:2010/06&prmd=i&ei=
FyUzTI67N4S8lQffwaW_Cw&ved= 0CFwQyQEoAg [06.07.2010]

http://www.google.de/search?q=monte+drink&hl=de&cr=countryDE&tbs=ctr:coun
tryDE, tl:1&prmd=i&source=lnt&sa=X&ei=
xB8zTLLJNuGhsQbm7aTOBA&ved=0CBYQpwU [06.07.2010]

Internet -- Nachschlagewerke u.ä.

Aktion Jugendschutz Landesarbeitsstelle Bayern e.V.
http://bayern.jugendschutz.de/projugend/datei.aspx?lnDD...[30.07.2010]

Arbeiterkammer WienAbteilung Konsumentenpolitik
http://www.arbeiterkammer.at/bilder/d34/kinderlebensmittel2005.1.pdf
[27.07.2010]

Alojado Publishing
http://www.gutzitiert.de/zitat_autor_helmut_thoma_thema_fernsehen_zitat_1550.ht
ml [20.05.2010]

Agrarmarkt Austria Marketing GesmbH.
http://www.ama-marketing.at/index.php?id=863 [27.07.2010]

Barske, Helga
http://www.barske.com/FP/PRIVAT/WERBUNG.HTML [12.06.2010]

Bundeszentrale für gesundheitliche Aufklärung
http://www.kindergesundheit-info.de/fuer-
fachkraefte/hintergrundwissen/themeninfo-ernaehrung/studien-
ernaehrung/uebergewicht-kiggs-studie/ [05.07.2010]

Egmont MediaSolutions
http://egmont-mediasolutions.de/pdf/services/studien/KVA09_ Pressemittei-
lung.pdf [21.06.2010]

Deutsche Gesellschaft für Ernährung e. V.
http://www.dge.de/modules.php?name=News&file=article&sid=195 [10.06.2010]

http://www.dge.de/modules.php?name=News&file=article&sid=996 [21.06.2010]

Dr. Watson Der Food Detektiv GmbH & Co KG
http://www.food-detektiv.de/e_nummer_ausgabe.php?id=10000022 [05.07.2010]

Ferrero Deutschland GmbH
http://www.ferrero.de/ [01.07.2010]

http://www.ferrero.de/#/ms [01.07.2010]

http://www.ferrero.de/ferrero2.aspx [01.07.2010]

http://www.milchschnitte.de/ [01.07.2010]

foodwatch e. v.

http://foodwatch.de/foodwatch/content/e36/e13710/e13721/e13722/downloadtabs 24691/categories25212/files25213/Windbeutel_Logo_ mitSchein_300dpi_ger.jpg [04.07.2010]

http://foodwatch.de/foodwatch/content/e36/e13710/e24961/e24962/downloadtabs 24963/categories37517/files37518/Website_Screenshots_Monte-Drink_20100423_ger.jpg [05.07.2010]

http://foodwatch.de/foodwatch/content/e36/e13710/e24961/e24962/downloadtabs 24963/categories37517/files37519/zott.de_deutsch_Monte_Drink_20100322_ger. jpg [05.07.2010]

http://foodwatch.de/foodwatch/content/e36/e13710/e24961/e24962/downloadtabs 24963/categories37517/files37566/monte_drink_details_ 20091102_ger.pdf [05.07.2010]

http://foodwatch.de/foodwatch/content/e36/e13710/e24961/e24962/downloadtabs 24963/categories37974/files37975/Abmontierte-Schilder-Zott_Goldener-Windbeutel-2010_ger.jpg [05.07.2010]

http://www.foodwatch.de/e10/e31109/e37447/e37469/Actimel_BrandIndex-201004_ger.pdf [06.07.2010]

http://www.abgespeist.de/abgespeist/content/e9047/e10095/zott_monte_ kom-paktinfo_20100319.pdf [05.07.2010]

http://www.abgespeist.de/abgespeist/content/e9047/e9093/e9094/e9097/ appen-dixes9098/E-Mail-Antwort_Zott_Teilnehmer_abgespeist_ Mitmach-Aktion.pdf [05.07.2010]

http://www.abgespeist.de/abgespeist/content/e9047/e9094/e10148/appendixes 10149/zott_antwortverbraucher_windbeutel_201005(1).pdf [01.08.2010]

http://www.abgespeist.de/der_goldene_windbeutel_2010/das_ergebnis/index_ger. html [05.07.2010]]

http://www.abgespeist.de/e9047/e10095/zott_monte_kompaktinfo_20100319.pdf [05.07.2010]

http://www.abgespeist.de/monte/extras/zucker_drin_ampel_drauf/index_ger.html [05.07.2010]

http://www.abgespeist.de/monte/infos_ohne_flash/index_ger.html [05.07.2010]

http://www.abgespeist.de/monte/wie_zott_reagiert/zotts_antwort/index_ger.html [05.07.2010]

http://www.abgespeist.de/produkt_vorschlagen/index_ger.html [04.07.2010]

http://www.abgespeist.de/ueber_uns/index_ger.html [04.07.2010]

http://www.abgespeist.de/abgespeist/content/e10584/e10645/e10646/e10651/app endixes-10652/zott_antwortverbraucher_windbeutel_201005(1)_ger.pdf [05.07.2010]

IP Deutschland GmbH
http://www.ip-deutschland.de/ipd/loadfile.cfml?file=M9P%2EHP%29%
2EGN%3D%5FZUGT%2C%26U%5DYCKAMD%5C%22%5EFXZ1E%40%5E4H
%2AP7N8J%28GI%3DK01%274%5CHJ1%26%40N%5F%0A%2279D%20%0A&t
ype=application%2Fpdf [02.07.2010]

http://www.ip-
deutschland.de/ipd/loadfile.cfml?file=M9P%2EHP%29%2EGN%3D%
5FZUGT%2C%26U%25YBJQJCL%22%5DGK%5E%2DB3%2ESFI83NYN%3BE
HIT%3C%23%2B9%5B9%26%2C%26%24VJ%0A%255%5D%26%2FOX%24%2
0%0A&type=application%2Fpdf [02.07.2010]

http://www.ip-
deutschland.de/ipd/loadfile.cfml?file=M9P%2EHP%29%2EGN%3D%
5FZUGT%2C%26U%25YBJQJCL%22%5DGK%5E%2DB3%2ESFI83NYN%3BE
HIT%3C%23%2B9%5B9%26%2C%26%24VJ%0A%255%5D%26%2FOX%24%2
0%0A&type=application%2Fpdf [31.07.2010]

http://www.ip-
deutschland.de/ipd/loadfile.cfml?file=M9P%2EHP%29%2EGN%3D%5
FZUGT%2C%26UIY%40K%5D%5CF%3ER%40O%2B%5E%3CDB%3E0DH%5C
%26I8VTEIMJ%20C%275%5C9%2E%3A%25%25%26Z%0A%265YC1JX%2E%2
9%0A&type=application%2Fpdf [02.07.2010]

Media Perspektiven
http://www.media-perspektiven.de/uploads/tx_mppublications/04-
2007_Feierabend.pdf [29.06.2010]

http://www.media-perspektiven.de/uploads/tx_mppublications/04-
2010_Feierabend.pdf [21.06.2010]

Medienpädagogische Forschungsverbund Südwest
http://www.mpfs.de/fileadmin/JIM-pdf09/JIM-Studie2009.pdf [29.06.2010]

Meine Bibliothek
http://www.meinebibliothek.de/Texte/html/gladiatoren.html [12.06.2010]

MindLink Software GmbH
http://www.mind-link.com/uploads/tx_jppageteaser/milchschnitte_logo.jpg
[02.07.2010]

MTV Networks Germany GmbH
http://www.viacombrandsolutions.de/de/sender/marken/nick/positionierung.html
[19.06.2010]

Nestlé Deutschland AG
http://www.data.nestle.ch/products/images/product_images/9999_88179.jpg
[02.07.2010]

Noah Bubenhofer: Publikationen
http://www.bubenhofer.com/publikationen/1998wejou/werbungjournalismus.html
[12.06.2010]

ÖKO-TEST Verlag GmbH
http://www.oekotest.de/cgi/index.cgi?artnr=66475;bernr=07;co= [27.07.2010]

openPR UG & Co. KG
http://www.openpr.de/news/319051/Leuchtreklame-laesst-Marken-strahlen.html
[12.06.2010]

Rebmann, Ralf
http://www.gifte.de/Lebensmittel/e_400_-_445.htm [05.07.2010]

Redaktion food-monitor
http://www.food-monitor.de/2010/02/milch-schnitte-zeigt-susi-kentikian-von-ihrer-privaten-seite/produkte-und-promotions/ [02.07.2010]

Robert Koch-Institut
http://edoc.rki.de/oa/articles/reryPJPcmUGw/PDF/20pyWvIPNYV52.pdf
[05.07.2010]

RTL DISNEY Fernsehen GmbH & Co. KG
http://www.superrtl.de/InfosfürEltern/tabid/302/Default.aspx [19.06.2010]

http://www.superrtl.de/Portals/0/Mediadaten/08_Diehl_Ernaehrung.pdf
[12.07.2010]

Smile advertising GmbH
http://www.smile-kids.de/s/?k=gesundheit&s=fernsehwerbung_verleitet_ kinder
_zu_viel_suessem [20.05.2010]

Sonderforschungsgruppe Institutionenanalyse - sofia Hochschule Darmstadt
http://www.sofia-darmstadt.de/fileadmin/Dokumente/Sonstige/ Lebensmittelwer-bung.pdf [12.07.2010]

Telemedicus e.V.
http://www.telemedicus.info/uploads/Dokumente/RStV_13-RAeStV_hervorgehoben_Lesefassung.pdf [13.062010]

uni-protokolle.de
http://www.uni-protokolle.de/nachrichten/id/133678/ [21.06.2010]

www.lehrerfortbildung-bw.de
http://lehrerfortbildung-bw.de/kompetenzen/gestaltung/farbe/kontrast/w-k-kon/
[02.07.2010]

Verbraucherzentrale Hessen e.V.
http://www.verbraucher.de/download/KinderLM.pdf [21.06.2010]

Verlag C. H. Beck oHG
www.chbeck.de/downloads/Leseprobe_3-8006-3025-7_Esch.pdf [30.07.2010]

Verlag Werben & Verkaufen GmbH
http://www.wuv.de/kampagnen/kreation_des_tages/ferrero_milchschnitte_duemmli
che_ story_falsche_testimonials [02.07.2010]

Westdeutscher Rundfunk Köln
http://www.wdr.de/themen/kultur/stichtag/2006/11/03.jhtml [19.06.2010]

Youtube

http://www.youtube.com/watch?v=0Xg4W7mmgMU [19.06.2010]

http://www.youtube.com/watch?v=baNNtCbZ0GA [19.06.2010]

http://www.youtube.com/watch?v=H3aslbk-h6l [19.06.2010]

http://www.youtube.com/watch?v=qBLGlZrr9xA [01.08.2010]

http://www.youtube.com/watch?v=s2iVRi0_EDg [19.06.2010]

http://www.youtube.com/watch?v=WNeeqPnZoXc [19.06.2010]

http://www.youtube.com/watch?v=X7YcRYlbrX4 [06.07.2010]

http://www.youtube.com/watch?v=XQvhEUHBLTk&feature=PlayList&p
=9A33FF0692BE4E72&playnext_from=PL&playnext=1&index=1 [19.06.2010]

http://www.youtube.com/watch?v=YGVulw6AIVE&feature=related [14.06.2010]

ZDF

http://www.zdf.de/ZDFmediathek/hauptnavigation/live#/beitrag/video/1068820
/Aufgetischt-und-abserviert [31.07.2010]

Zott GmbH & Co. KG

http://www.zott.de/design/corporate_site/images/monti_ontour.jpg [21.06.2010]

http://www.zott.de/index.php/zott/dt/unsere_marken [01.07.2010]

http://www.zott.de/index.php/zott/dt/unsere_marken/monte__1/monte_drink/monte
_ drink/(contentview)/ overview [05.07.2010]

http://www.zott.de/index.php/zott/dt/unsere_marken/monte__1/monte_drink/monte
_drink [01.07.2010]

http://www.zott.de/index.php/zott/dt/unsere_marken/monte__1/monte_drink/monte
_drink/ (contentview)/overview [01.07.2010]

http://www.zott.de/index.php/zott/dt/unsere_marken/weitere_produkte [01.07.2010]

http://www.zott.de/index.php/zott/dt/wir_ueber_uns [01.07.2010]

http://www.monte.eu/ [02.07.2010]

http://www.monte.eu/de/gut-drin/monte [01.07.2010]

Zentralverband der deutschen Werbewirtschaft e.V.

http://www.zaw.de/doc/Positionspapier_Lebensmittel_200805.pdf [02.07.2010]

Zukunftsinstitut GmbH

http://www.zukunftsinstitut.de/downloads/inhalt_einl_bestell_futurekids.pdf
[10.06.2010]

http://www.tv-legenden.de

http://www.tv-legenden.de/werbefiguren/der-erste-werbespot-im-deutschen-
fernsehn/ [19.06.2010]

http://www.elternforum-rotzloeffel.de

http://www.elternforum-rotzloeffel.de/fileadmin/user_upload/Vortrag_
zum_Thema_ Kinderlebensmittel.pdf [31.07.2010]

http://www.ecke-hamburg.de/bonus/pic/Milchschnitte_260x260.jpg [15.07.2010]

http://nvg.sdf-eu.org/muellermilch/muellermilch.gif [02.07.2010] http://www.familienhandbuch.phase4.de/haushaltfinanzen/ verbraucherschutz/kinder-und-jugendliche-als-verbraucher [10.06.2010]

http://www.otato.de/deutsch/werbung.htm [12.06.2010]

http://www.slogans.de/slogans.php?BSelect%5B%5D=1432 [02.07.2010]

http://www.was-war-wann.de/geschichte/werbung.html [12.06.2010]

http://imagesa.ciao.com/ide/images/products/normal/624/Kinder_Pingui_Dessert _Genuss__8241624.jpg [02.07.2010]

http://de.academic.ru/pictures/dewiki/76/Litfass.jpg ,[14.06.2010]

Anhang

Verzeichnis der Anlagen

Anlage 1: Pressemitteilung von Zott Dezember 2009 [263]

Betreff:Zott Monte Drink
Datum:Fri, 4 Dec 2009 08:42:04 +0100
Von: Info <Info@zott.de>
An: Info<Info@zott.de>

Sehr geehrte Damen und Herren,

herzlichen Dank für Ihr Schreiben und die damit verbundenen Mühen. Als aufmerksamer Kunde haben Sie die Darstellung von Foodwatch in der Presse und im Internet verfolgt und sich direkt an uns gewendet. Dies begrüßen wir sehr und freuen uns, ihre Anfrage persönlich beantworten zu können.

Zucker in seinen verschiedenen Erscheinungsformen ist natürlicherweise Bestandteil sehr vieler Nahrungsmittel. Brot, frisch gepresster Orangensaft und Milch enthalten naturgemäß Zucker. So sind z.B. in einem Glas Milch von Natur aus [drei] Stück Würfelzucker (als Milchzucker) enthalten.

Jedes unserer Produkte und insbesondere die Kinderprodukte werden auf die Geschmacksakzeptanz beim Konsumenten geprüft. Völlig ungesüßte Produkte werden dabei geschmacklich abgelehnt.

Die vom Konsumenten gewünschte Süße können wir gerade bei unseren Kinderprodukten nur mit Zucker abbilden, da wir Süßstoffen und Zuckerersatzstoffen bei Kinderlebensmitteln sehr kritisch gegenüber stehen. Den gewünschten Süßgeschmack versuchen wir dann mit so wenig Zucker wie möglich herzustellen.

Wir begrüßen die Zuckerdebatte von Foodwatch in der Öffentlichkeit und sind für Transparenz bei allen unseren Produkten. Daher sind auf unseren Kinderprodukten alle Nährstoffe detailliert aufgelistet.

Monte Drink liefert in vergleichbarer Menge wie jeder normale Kakao Nährstoffe in Form von Kalorien, Eiweiß, Zucker, Fett und Calcium. Er ist daher _kein_ Durstlöscher, sondern im Rahmen von Zwischenmahlzeiten durchaus geeignet einen _zusätzlichen_ Beitrag zu liefern, da er zu 82 [Prozent] aus Milch und Milchbestandteilen besteht, die einen wertvollen Beitrag zur Ernährung liefern.

Darüber hinaus können wir Ihnen versichern, dass wir täglich bemüht sind unsere Produkte den Ernährungsgewohnheiten und Wünschen der Konsumenten anzupassen und zu verbessern, um damit unseren hohen Qualitäts- und Genussstand gerecht zu werden und Sie als Konsumenten nicht zu enttäuschen.

---

[263] http://www.abgespeist.de/monte/wie_zott_reagiert/zotts_antwort/index_ger.html
[05.07.2010; 16.57 Uhr]

Wir möchten uns noch mal ausdrücklich für Ihr Schreiben und Ihr Engagement bedanken und verbleiben mit freundlichen Grüßen aus Mertingen.

Ihre Genuss-Molkerei

Zott GmbH & Co. KG

i.A.

Abteilung Marketing

Zott GmbH & Co. KG
Dr.-Streichele-Straße 4
86690 Mertingen
Fon: +49 9078 801 300
Fax: +49 9078 801 340
Mailto: info@zott.de [264]

---

[264] http://www.abgespeist.de/abgespeist/content/e9047/e9093/e9094/e9097/ appendixes9098/E-Mail-Antwort_Zott_Teilnehmer_abgespeist_ Mitmach-Aktion.pdf [05.07.2010; 17.03 Uhr]

- - - - Original-Nachricht - - - - -
Datum: Thu, 6 May 2010
Von: ‚Info' <Info@zott.de>
An: - -
Betreff: Wir respektieren die Wünsche unserer Verbraucher und handeln danach!

Wir respektieren die Wünsche unserer Verbraucher und handeln danach!

Mertingen, 06. Mai 2010

Sehr geehrter Herr - - ,

vielen Dank für ihre Kontaktaufnahme im Rahmen der breit angelegten Foodwatch-Aktion rund um den „Goldenen Windbeutel". Ihre Meinung ist uns wichtig!

In unserer Molkerei ist schon seit Jahrzehnten der Grundsatz verankert: Wir respektieren die Wünsche unserer Verbraucher, erfüllen sie und betrachten sie als Anreiz für Verbesserung. Deshalb arbeiten unsere Produktentwicklung und das Marketing ständig daran, Produkte aus dem Hause Zott den aktuellen Ernährungsgewohnheiten und Vorstellungen der Konsumenten anzupassen und zu verbessern. Aus Verbraucher-Reaktionen wissen wir, dass Zott-Produkte als qualitativ sehr hochwertig eingeschätzt und deshalb auch gerne verzehrt werden.

Selbstverständlich nehmen wir auch alle Meldungen mit kritischem Hintergrund sehr ernst und beziehen diese in unsere Überlegungen und Handlungen ein. So haben wir die Voting-Aktion zur Verleihung des „Goldenen Windbeutels" von Foodwatch mit Interesse beachtet und bereits erste Maßnahmen zur Produktüberprüfung ergriffen. Zur aktuellen Kritik über die Nährwerte des Zott Monte Drink möchten wir Sie darauf aufmerksam machen, dass das Produkt in seiner Zusammensetzung und Rezeptur derzeit überarbeitet wird und eine Anpassung des Etiketts und der Werbung erfolgt. Es laufen bereits erste erfolgversprechende Versuche. Wir gehen davon aus, das Produkt in Kürze in überarbeiteter Zusammensetzung anbieten zu können, ohne dass Sie auf den guten Geschmack und gewohnten Genuss verzichten müssen. Im Übrigen: Nährwerte wie Fett, Eiweiß, Kohlenhydrate und Zucker sind schon heute eindeutig auf der Verpackung deklariert. Das hilft bei der Kaufentscheidung.

---

[265] http://www.abgespeist.de/monte/wie_zott_reagiert/zotts_antwort/index_ger.html
[05.07.2010; 16.57 Uhr]

Wir freuen uns über eine wohlwollende und kritische Begleitung unserer Molkerei und freuen uns über jeden Konsumenten, der unsere Produkte mit Genuss isst.

Mit freundlichen Grüßen,

Ihre Genuss-Molkerei Zott, Mertingen

Zott GmbH & Co. KG
Dr.-Streichele-Straße 4
86690 Mertingen
Fon: +49 9078 801 300
Fax: +49 9078 801 340
mailto: info@zott.de
Zott GmbH und Co. KG, Rechtsform KG, Sitz: Mertingen, Reg. Gericht Augsburg, HRA 1376
Komplementaer: Zott Beteiligungs-GmbH, Sitz: Mertingen, Reg. Gericht Augsburg, HRB 15884
Geschaeftsfuehrer: Christine Weber, Anton Hammer, Peter Marx [266]

---

[266] http://www.abgespeist.de/abgespeist/content/e9047/e9094/e10148/appendixes 10149/zott_antwortverbraucher_windbeutel_201005(1).pdf [01.08.2010; 17.27 Uhr]